SOLUCIONES PRÁCTICAS

30 ESTRATEGIAS PARA POTENCIAR MIS FORTALEZAS
Y RESOLVER LOS CONFLICTOS

BERNARDO STAMATEAS

SOLUCIONES PRÁCTICAS

30 ESTRATEGIAS PARA POTENCIAR MIS FORTALEZAS Y RESOLVER LOS CONFLICTOS

BERNARDO STAMATEAS

VERGARA

Soluciones prácticas
30 estrategias para potenciar mis fortalezas y resolver los conflictos

Primera edición en Argentina: noviembre, 2018
Primera edición en México: febrero, 2019

D. R. © 2018, Bernardo Stamateas

D. R. © 2018, Penguin Random House Grupo Editorial, S. A.
Humberto I, 555, Buenos Aires
www.megustaleer.com.ar

D. R. © 2019, derechos de edición para países de habla hispana en lengua castellana:
Penguin Random House Grupo Editorial, S. A. de C. V.
Blvd. Miguel de Cervantes Saavedra núm. 301, 1er piso,
colonia Granada, delegación Miguel Hidalgo, C. P. 11520,
Ciudad de México

www.megustaleer.mx

ISBN: 978-607-317-403-9
Impreso en México – *Printed in Mexico*

El papel utilizado para la impresión de este libro ha sido fabricado a partir de madera procedente
de bosques y plantaciones gestionadas con los más altos estándares ambientales, garantizando
una explotación de los recursos sostenible con el medio ambiente y beneficiosa para las personas.

Penguin
Random House
Grupo Editorial

Agradecimientos

*A Gabriela Belcore, a María Stamateas
y a Silvana Freddi por su colaboración.
Al doctor Marcelo Ceberio, al doctor Andy Blake
y al doctor Juan Carlos Kusnetzoff
por haber prologado esta obra.
A Natanael Ramírez y a todos
los que día a día nos enriquecen
con sus valiosos aportes.*

ÍNDICE

PRÓLOGO I

No cabe duda de que cuando nacemos no llegamos a esta bendita Tierra con un manual de instrucciones para vivir bajo el brazo, y la experiencia que vamos haciendo en cada acto de vida nos permite escribir un libro personal. El libro de la experiencia es intransferible, es decir, podemos recomendar, guiar, aconsejar, pero lo que no se puede trasladar es la vivencia.

Un acto se puede leer, contar, describir, narrar, pero por más énfasis que le coloquemos, no podremos imprimirle el valor inestimable de la emoción, eso que nos hizo vibrar, llorar tiernamente, reírnos a destajo, desesperarnos o saltar de la alegría. Y en el supuesto caso de que se lograse transferir, nunca sería la misma vivencia: cada ser humano es único, tal cual lo marca nuestro ADN, y por lo tanto, los sentimientos, las elucubraciones racionales, las emociones y acciones son totalmente subjetivas y como tales, particulares.

¡Qué maravilloso!, ¿no? Maravilloso es que somos diferentes; pensamiento, emoción y acciones —absolutamente en sinergia— llevan el sello personal de cada ser humano, posibilitando el intercambio social, el poder brindar al otro un punto de vista alternativo sobre las cosas —en definitiva, sobre la vida—, un punto que amplíe nuestro horizonte, que nos haga ver más allá, que nos enriquezca y nos lleve a crecer. Aunque no son pocas las oportunidades en las que, lejos de tomarnos a bien esa otra mirada, terminamos rivalizando, defendiendo posiciones o compitiendo, sin comprender que lo que describe el otro representa otra perspectiva del mundo que nos puede favorecer.

Cada ser humano construye particularmente sus opiniones y sentimientos —la vida es una construcción—. Cada persona es un universo propio pero flexible a incorporar nuevos conocimientos. Por tal razón, no debemos trabar el proceso, obturando las oportunidades de aprender por sumergirnos en actitudes paupérrimas de defender posiciones sin contemplar lo que el otro dice o hace. Esto no quiere decir que no podemos disentir. Siempre respetando las construcciones del otro —y llamo construcciones a sus reflexiones, a tomar posición sobre algo, al sentimiento o las acciones—, podemos estar o no de acuerdo, pero de ninguna manera descalificar o desestimar ese otro punto de vista.

Vivimos, entonces, en un mundo de construcciones, o más bien de coconstrucciones, porque siempre construimos con otros y aprendemos, en esta gran ecología humana, a enriquecernos con las miradas de los otros acerca de las cosas. Y construimos con otros porque somos seres relacionales, es nuestra naturaleza. Necesitamos de los otros y ellos necesitan de nosotros, fundamentalmente, el afecto, la solidaridad, la generosidad, la contención, la palabra oportuna, la ayuda, entre otras cosas.

Como seres relacionales, emocionales y emocionables, necesitamos guías: la palabra del amigo, los consejos de los padres, las observaciones de los maestros. Es el maestro Bernardo Stamateas quien nos presenta *Soluciones prácticas. 30 estrategias para potenciar mis fortalezas y resolver los conflictos*. Se trata de pequeñas palancas que ensayadas ponen en marcha verdaderos cambios de hábitos, costumbres, maneras de pensar, sentir y actuar. Un libro profundo, de fácil lectura y comprensión, que opera como un guía o un consejero que nos acompaña siempre.

A pesar de que él afirma que soy uno de sus mentores, Bernardo tiene esa capacidad de transmitir tan clara y elocuente, donde la lectura se revela como si él mismo nos estuviese hablando directamente. En cada una de las páginas de este texto nos propone reflexionar para llevarnos a la acción concreta: es un libro práctico, generoso, un manual-guía para ayudarnos a que nos desenvolvamos mejor en la vida. Pero esta obra está escrita por un autor que, más allá de su erudición y sabiduría —y con quien me liga una hermosa amistad—, es muy buena persona, y esta condición sublime de ser no se estudia, sino que viene inscripta en los genes.

Agradezco el honor de haber sido elegido para prologar este libro, y le auguro, estimado lector, una feliz y relajada lectura. Eso sí, esté dispuesto a crecer, y póngase en marcha con las acciones que nos propone Bernardo Stamateas, porque todo apunta a mejorar la vida.

Dr. Marcelo R. Ceberio
Doctor en Psicología. Profesor universitario
y director de la Escuela Sistémica Argentina

PRÓLOGO II

En este libro que nos ha brindado Bernardo Stamateas encontraremos seguramente muchas pautas para entendernos y entender a los demás. Es, sin lugar a duda, una ayuda para nosotros poder sumergirnos en su lectura. Pero es mucho más que lo que su texto nos dice. A través de sus páginas podemos entender, seguir y comprender algunas cosas que son muy importantes para nosotros como personas y también es una invitación a tomar el camino de Bernardo, y aceptar y entender este regalo.

Para ello, debemos comprender algunas cosas. Primero la "empatía", una función mental que nos permite ver la perspectiva del otro y no estar centrados en nosotros mismos. Es clave para poder establecer relaciones íntimas con otros ya que, a través de ella, podemos participar de la experiencia de otros y elaborar experiencias comunes.

Esto no supone necesariamente compartir las mismas opiniones y argumentos; ni siquiera es necesario estar de acuerdo con la interpretación de la realidad que hace el otro, significa intentar entender y escuchar al otro, tanto racional como emocionalmente, tratar de ponerse en sus zapatos.

Por otro lado, el "altruismo", que es el comportamiento en el cual uno hace algo desinteresadamente para proteger y beneficiar a otros. Es imprescindible para la cohesión de cualquier grupo. Esto nos muestra que no se trata de la "supervivencia del más fuerte" sino "del más adaptado". La primera hace referencia al narcisismo y al individualismo, mientras que la segunda hace referencia al equipo, la solidaridad y la satisfacción de trabajar por el otro.

Finalmente, según las últimas investigaciones en neurociencia sobre qué nos hace felices, hay mucha coincidencia en que el ayudar, el dar, el brindarse a los otros nos genera más placer que el tener o poseer cosas.

Pues bien, en este libro, Bernardo Stamateas nos muestra su fórmula de la felicidad, no en su texto, sino en su acción. En el hecho de haber escuchado al otro para entenderlo y comprenderlo, de pensar en el otro para ayudarlo, orientarlo o proponerle alternativas y, finalmente, de hacerlo para facilitar que el otro y él mismo puedan estar más próximos a la felicidad.

Dr. Andy Blake
Médico especialista en psiquiatría.
Profesor universitario

PRÓLOGO III

Bernardo no deja de sorprenderme... Un nuevo libro en el mercado editorial científico. Un libro que recorre numerosos asuntos de múltiple interés. En el camino que desarrolla toca temas muy interesantes, polémicos y, por qué no decirlo, trascendentes.

El placer, el displacer, la satisfacción y la insatisfacción dan pie a numerosos subtítulos que llevan a un enjambre de sentimientos: ira, miedo, dolor angustioso. En diferentes capítulos aborda conductas activas, que —es casi obvio— anidan en muchas personas. Pero no queda allí la prosa "bernardiana". Se pone de manifiesto el esfuerzo de transformar lo negativo en aprendizaje y, finalmente, en crecimiento.

En otro capítulo, Bernardo dice lo que todos sabemos y casi siempre se nos dificulta explicar. Cito textualmente:

Las palabras que salen de nuestra boca tienen el poder de construir o derribar personas y situaciones. Muchas veces decimos que sí cuando en el fondo queremos decir que no. Necesitamos aprender a decir que no toda vez que sea necesario.

Recomiendo calurosamente leer ese capítulo.

No tengo dudas. Este es, entre los numerosos libros que Bernardo Stamateas ha escrito, uno de los más logrados. Es sencillo saber por qué: obliga a pensar, a reflexionar. La prosa hace que la identidad del lector encuentre en algunas preguntas o temas que se abordan una afinidad que lleva, casi involuntariamente, a bucear en la propia historia personal. Se escucha exclamar: "¡Esto ya lo vi!", "¡Esto ya me pasó!". Bernardo, al escribir, sigue haciendo psicoterapia.

DR. JUAN CARLOS KUSNETZOFF
Médico psiquiatra y sexólogo

INTRODUCCIÓN

Si hay algo que necesitamos aprender es a resolver nuestros conflictos. ¿Quién no los tiene? Todos atravesamos por distintos momentos a lo largo de nuestra vida y buscamos el "cómo": cómo resolver mis miedos, cómo mejorar la relación con mi pareja, cómo llevarme bien con mis hijos, etcétera. Buscamos herramientas, intervenciones, ejercicios, llaves maestras que nos permitan modificar nuestro sistema de creencias y nuestro comportamiento. A veces un problema complejo tiene una solución sencilla y a veces un problema de años puede resolverse en cuestión de minutos con una intervención y así generamos un nuevo comienzo, un nuevo capítulo, en la historia de nuestra vida.

Luego de recorrer en muchas oportunidades nuestro querido país y otras naciones del mundo, y de interactuar con innumerables personas a lo largo de los últimos treinta años, ya sea en el consultorio, en las charlas, en las conferencias o en los cientos de mails que me llegan por día, me he propuesto ayudar a la gente a buscar respuesta a la pregunta "¿Qué puedo hacer para provocar un cambio en mi vida?".

A través de estos años también he visto a mucha gente salir de crisis difíciles, potenciando sus fortalezas y, como resultado, transformándose en agentes de motivación para que otros también puedan liberar ese gran potencial que llevan dentro.

El propósito de esta obra es ofrecer a los lectores treinta llaves maestras que nos permiten potenciar nuestras fortalezas para resolver los conflictos que nos afectan. Y una manera de hacerlo es a través de los ejercicios que aparecen en este libro. Por supuesto, no reemplazan la psicoterapia, ni el tratamiento médico, ni la ayuda profesional. Son simplemente acciones que, una vez aplicadas, pueden despertar esas capacidades que todos poseemos, esos recursos internos maravillosos que nos permitieron atravesar todas las crisis que hemos sufrido.

Además, en estas técnicas, el lector encontrará ideas prácticas, muy sencillas de aplicar, pero que requieren esfuerzo y compromiso para resolver esas cuestiones que son comunes a todos los seres humanos.

La presente obra fue elaborada y escrita con entusiasmo y alegría, al comprobar la eficacia de estos sencillos ejercicios, que pueden practicarse en el orden en el que aparecen o de acuerdo con las necesidades del momento. Lo único que se requiere es tiempo, dedicación y compromiso.

¡Nos vemos en la cima!

DR. BERNARDO STAMATEAS

1

UN POCO MÁS DE LO QUE ME HACE BIEN, UN POCO MENOS DE LO QUE ME HACE MAL

1. QUÉ ESTOY HACIENDO CONMIGO MISMO

Durante la mayor parte del tiempo nos atascamos en determinadas actividades por costumbre, por obligación, por deber, por rutina. Y no está mal. Como adultos, todos tenemos obligaciones por cumplir. Es parte de la vida, pero también lo es ponernos a pensar cuánto de lo que hacemos nos apasiona, nos da placer o nos desagrada y de todos modos seguimos haciéndolo.

El placer y el disfrute son esenciales en nuestra vida. Desear, querer lograr cosas son aspectos muy importantes en la salud mental de todo ser humano. El deseo nos mantiene vivos, por eso tenemos que ser seres deseantes.

Si lográramos hacer más de lo que nos hace bien y menos de lo que nos hace mal, encontraríamos un disfrute equilibrado para nuestro diario vivir. Anticipar la satisfacción que le sigue a una tarea cumplida y la posibilidad de dedicarnos después a una actividad placentera es muy gratificante.

La naturaleza, la esencia del deseo es permanecer insatisfecho. "Quiero esto, quiero aquello". Hoy tengo la moto que tanto deseaba pero mañana la quiero vender. Y después de vender la moto, quiero el auto. Cuando tus hijos dicen: "Mamá, papá, quiero esto", no respondas: "No, no se puede". No les anules el deseo, permitiles desear porque el deseo es un motor de motivación. Todos tenemos que desear.

Te voy a contar mi propio testimonio. Mi papá quería que yo fuera contador y me repetía: "Vos tenés que ser contador, así te quedás en el kiosco familiar". Pero un día me fui a estudiar psicología. Y él me seguía diciendo: "Vos tenés que estudiar para contador". "Voy a hacer lo que yo quiero hacer", le contesté en una oportunidad.

Muchas personas hacen lo que les dicen sus padres. ¿Por qué? Porque, en el fondo, cuando el deseo de uno es bajo, termina por cumplir el deseo de los demás. Quienes les cumplen el deseo a los padres piensan como niños: "Si no hago lo que papá o mamá quieren, no me van a amar más".

También hay personas que llenan el espacio de los sueños y deseos con "seudodeseos". Anhelan alcanzar muchas cosas, pero en el momento en que lo consiguen, dicen: "Realmente esto no era tan importante para mí como creía" o "Me dediqué a conseguirlo y ahora me doy cuenta de que esto tampoco llena mi vida". Los seudodeseos son deseos no legítimos: "parecen" buenos, pero al alcanzarlos no encierran el valor que se les atribuía. En una oportunidad, el multimillonario George Soros dijo que él cambiaría todo su dinero por ser un intelectual de prestigio. "Daría toda mi fortuna para ser reconocido como un buen filósofo", repetía. Pero no alcanzó su sueño.

2. ¿POR QUÉ NOS CUESTA DISFRUTAR?

Durante años nos enseñaron que todo lo que trae placer es malo. Lo placentero siempre era considerado sospechoso, peligroso, porque podía llevar al libertinaje, a la adicción, a lo negativo. Lo cierto es que nacimos para estar bien y para disfrutar de la vida, y está en nuestro interior la capacidad de vencer cualquier fobia, cualquier miedo frente al cual nos encontremos. Gozar con aquello que nos gusta y nos apasiona, complacernos en las relaciones que somos capaces de crear y sostener en el tiempo, saborear una buena comida, todos esos placeres liberan una hormona llamada "endorfina" que nos hace sentir maravillosamente bien. Por eso debemos reconsiderar nuestra posición frente a los deseos y el derecho a disfrutar.

Muchas personas no pueden disfrutar porque, cada vez que les va bien, se les activa una voz interna que las lleva a boicotear su felicidad. No se creen merecedoras de lo que tienen y parecería que el progreso bien concebido que tuvieron las avergonzara. Y, por otro lado, hay situaciones que suelen confundirse con el placer, pero no solo no lo son, sino que generan malestar. Identificar claramente la índole de la experiencia puede ayudarnos a comprender por qué a veces nosotros mismos coartamos nuestra posibilidad de disfrutar. Veamos dos de esas situaciones de boicot:

• El placer falso

Todo lo que hagamos a escondidas es falso placer, pues no lo podemos disfrutar, no se lo podemos mostrar a nuestros hijos, no lo podemos compartir. Por ejemplo, tener un amante no nos genera placer verdadero, porque *placer + angustia* es placer falso. El placer verdadero es *placer + placer*.

Todo lo que nos domina es falso placer. No solamente lo que hacemos a escondidas genera malestar, sino que lo que se apodera de nosotros no puede brindarnos placer verdadero. Una persona que está todo el día jugando en internet y no puede desconectarse, siente *placer + angustia*, porque tiene una adicción que la domina. Tal vez diga: "Me estoy distrayendo", pero no se está divirtiendo, porque experimenta angustia mezclada con placer. Todo lo que nos domina compulsivamente no es placer.

• "Placer" y "alivio" no son lo mismo

Muchas personas creen vivir experiencias que generan placer; sin embargo, lo único que obtienen es un alivio temporal a un dolor mucho más profundo. Por ejemplo, una persona que bebe en exceso, en desborde, no se está divirtiendo, sino que busca llenar un vacío emocional. El intento de ocultar el dolor a través de acciones asociadas al placer no produce ninguna gratificación.

3. CÓMO SENTIR PLACER VERDADERO

Cuando experimentamos placer verdadero, si tenemos un corazón abierto, una familia feliz, buenos amigos con quienes compartir el camino de la vida, no necesitamos estímulos externos, no vamos a engañar ni a actuar a escondidas, porque cuando hacemos crecer nuestro placer interior no necesitamos buscar placer falso. El placer nos restaura, esta es la razón por la que tenemos que aprender a cultivar una vida de disfrute.

Para que crezca lo bueno en nuestra vida necesitamos aprender a invertir en nosotros mismos. Entonces, hablá bien de vos, felicitate, cuidá tu cuerpo y tu salud. Disfrutá de todo: de tus hijos, de una cena, de tu pareja, de tu trabajo, de los días de relax. Solo cuando sentimos placer por lo que hacemos somos personas libres y sanas en nuestras emociones. Cada situación que vivimos es especial, y tenemos que disfrutarla. No esperemos hasta mañana, ¡disfrutemos hoy!

4. VAMOS AL EJERCICIO: "UN POCO MÁS DE LO QUE ME HACE BIEN, UN POCO MENOS DE LO QUE ME HACE MAL"

Ahora que hemos analizado la importancia del placer, de lo que nos hace bien, vamos al ejercicio:

¿Qué es lo que me hace bien?

Un ejemplo sencillo para ilustrar este tema: si te hace bien salir a caminar y lo hacés una vez por semana, empezá a caminar dos veces por semana; si caminás cuarenta minutos, empezá a caminar cuarenta y cinco. Ese día extra y esos cinco minutos adicionales hacen la diferencia entre lo ordinario y lo extraordinario.

Anotá debajo tres cosas que te hacen bien que ya estés haciendo.

1. . . . .
. . . .
2. . . . .
. . . .

---

3 . . . .
. . . .

Ahora, aumentá esas tres cosas unos minutos más o una vez más.

¿Qué es lo que me hace mal?

Por ejemplo, si hablar con tu jefe no te hace bien, y charlás con él unos diez minutos diarios, empezá a conversar cinco minutos; si ves el noticiero de la mañana y el de la noche y eso te estresa, entonces empezá a ver solamente un noticiero por día.

Anotá acá debajo tres cosas que te hacen mal y que necesitás reducir.

1 . . . .
. . . .
2 . . . .
. . . .
3 . . . .
. . . .

Un poquito más de lo que nos hace bien nos conecta cada vez más con la sensación de placer; sin embargo, un poquito menos de lo que nos hace bien nos hace mal. Todos vivimos situaciones que nos generan ansiedad, presión, estrés, por eso, necesitamos identificar qué es lo que no nos beneficia. Debemos identificar qué situaciones nos generan malestar y reducirlas a un pequeño porcentaje.

Determinate a aumentar eso que te produce placer y resolvé disminuir lo que te hace mal. Mi sugerencia es que hagas este ejercicio durante una semana enfocándote en el aumento del placer y en la disminución de lo que te genera estrés.

¡A practicar ahora! Cada semana un poquito más de lo que me hace bien, un poquito menos de lo que me hace mal.

2

ESCRIBIR, LEER Y ROMPER

1. DISTINTAS MANERAS DE EXPRESAR LO QUE NOS PASA

Durante mucho tiempo nos han dicho: "No te dejes guiar por tus sentimientos". Había que pensar, razonar, planificar, sumar, medir, pero no sentir. Aún hoy hay personas a las que les cuesta admitir que tienen problemas emocionales, como si se tratara de algo peligroso, inconfesable, y confunden tristeza con depresión, miedo con ataques de pánico, alegría con manía.

La depresión, por ejemplo, que puede definirse como el descenso del sistema afectivo, es una enfermedad, mientras que la tristeza es un sentimiento normal. La manía es la excitación psicomotriz sin límites, desbordada. Esta también es una enfermedad, mientras que la alegría es un sentimiento normal. Algunas personas establecen que los sentimientos son normales de acuerdo con su propia experiencia; entonces, si una persona nunca ha sonreído, al ver a alguien sonreír creerá que se trata de una persona enferma.

Si nunca ha llorado, al ver llorar a alguien le parecerá que esa persona se desbordó. Por eso, nuestra forma de sentir y de expresar jamás debe ser el parámetro para evaluar los sentimientos de otros.

Los sentimientos pueden ser de distinto tipo: miedo, ira, amor, angustia, ansiedad, pena, disgusto. Pensemos en la paleta de un pintor. Las emociones son los colores, la poesía que hace que nuestra vida sea distinta. Si no hubiese sentimientos, ¿cómo pensás que serían nuestros días? ¿Cómo podríamos decir "te quiero", "¡te extraño!", "no me siento bien"? Los sentimientos tienen el poder de "emerger". Puedo estar bien en casa, pero si algo me pasa, estallo en el trabajo o viceversa. Oculto verbalmente lo que siento, pero mi cuerpo lo expresará con manifestaciones en la piel, dolores de cabeza, estómago, etcétera.

Necesitamos expresar nuestros sentimientos, liberarlos. Pero antes de concentrarnos en este punto, analicemos las diversas formas en que a veces anulamos las emociones:

• **Represión.** Las emociones se anulan, no se expresa nada. Quienes recurren a este mecanismo suelen ser personas muy racionales, con gran capacidad intelectual. Cuentan las cosas "sin sentir nada". Han mandado al sótano todos los sentimientos tristes y dolorosos para no volver a sentirlos. Cuando alguien muere, hemos escuchado decir: "No llores", "Está mejor ahora que antes". Y varias frases que preferiríamos no escuchar. Hay personas que creen que expresar los sentimientos es algo peligroso o de mal gusto. Pero si no expresamos lo que nos pasa, luego aparecerán todas las enfermedades psicosomáticas.

• **Agresión**. Las personas hirientes dicen lo que piensan sin problemas, sacan el puñal en cualquier momento. El agresivo puede tener también un temperamento volcánico, se descarga y rompe las paredes, da portazos, insulta y grita sin problemas. Recuerdo el caso de una mujer que había perdido a su marido después de muchos años de casada. En la primera entrevista comenzó inesperadamente a pelear y a insultarme diciéndome cosas irreproducibles; yo estaba en silencio hasta que, a los quince minutos aproximadamente, empezó a llorar, a expresar el dolor que sentía y a decir, finalmente, todo lo que extrañaba a su marido.

• **Negación**. A las personas que viven negando se las llama también "el cumpleaños feliz", ya que siempre parecen contentas, mientras que por dentro están al borde del estallido. El negador es aquel para quien todo está siempre bien y "acá no ha pasado nada". Sonríe a todo el mundo, se muestra triunfador y feliz, pero no se da permiso para expresar los sentimientos que hay en su corazón.

• **Negatividad**. El negativo manifiesta en el rostro, en la actitud corporal y en sus palabras pesimismo, depresión, reprobación a los otros y sequedad. Todo es interpretado desde el aspecto más nocivo y desde el caos. Las personas así no toleran a los que se expresan libremente y los juzgan. Tienen miedo de manifestar los sentimientos porque temen perder el control y asocian las efusiones emocionales a las enfermedades.

2. Dejando atrás creencias lastimosas

Necesitamos dejar de lado ciertas creencias erróneas para aprender a ser un poquito más felices y sanos. Repasemos algunas de estas creencias:

- Creemos que llorar no es de hombres.
- Creemos que estar contentos y saltar de alegría es de locos o de desbordados.
- Creemos que la vida es demasiado seria para ir llorando por los rincones.
- Creemos que decir lo que nos pasa es perder tiempo.
- Creemos que expresarnos y contar nuestros sentimientos es mostrar debilidad.
- Creemos que no merecemos ser escuchados, que nuestra palabra o lo que sentimos es poco importante.
- Creemos que debemos vivir todo el tiempo bajo leyes emocionales que nos imponen, sin entender que en muchas ocasiones es más importante el corazón que las reglas.
- Creemos que expresar nuestros sentimientos es sonreírle a todo el mundo, o romper en llanto ante cualquier situación difícil o triste.

Expresar nuestros sentimientos es simplemente ser, es dejar el temor por lo que sentimos y expresarlo en palabras para sacarlo de nosotros. Por eso, escribir es una de las técnicas más efectivas para ayudar a las personas a expresarse y poner en palabras lo que sienten. La técnica de los escritos es muy eficaz y ayuda a que progresivamente la persona pueda ir soltándose. Este accionar demuestra que expresarse no es tan peligroso como muchas veces uno imagina. Poner en palabras lo que uno siente es sanador.

Cuando sufrimos una experiencia emocional intensa —un robo, un abuso, una discusión fuerte, etcétera—, muchas veces nuestras emociones quedan guardadas, cuesta expresarlas en el momento, quedamos bloqueados; es entonces cuando necesitamos manifestar lo que sentimos. Sin embargo, hay oportunidades en que se nos hace muy difícil expresar esos sentimientos con palabras. Por eso el objetivo de este ejercicio consiste en que podamos escribir. La mano va más lenta que la mente y eso nos permite ordenar mientras escribimos todo aquello que sentimos.

Escribir, leer y romper es un proceso que ayuda a que la persona pueda descargar emociones, sentimientos e ideas en su totalidad. Sirve especialmente cuando hay un profundo dolor o resentimiento, dificultad en expresar lo que a uno le pasa, falta de expresividad, vivencias guardadas internamente que no pudimos decir, etcétera.

3. Vamos al ejercicio: "Escribir, leer y romper"

Te propongo que compres un cuaderno y durante diez minutos escribas pensando en esa situación que tenés guardada en tu corazón. Pensá en algún recuerdo triste y que no pudiste expresar lo que sentiste. Escribí todo lo que quieras, sin romper, sin tachar, con luz verde. Es decir, podés expresar todo: las broncas, las tristezas, sin romper nada de la hoja, con total libertad para escribir todo lo que sentís. Luego guardá el cuaderno.

Al terminar la semana podés ir a un lugar seguro, donde estés solo, lo vas a leer en voz alta y lo vas a romper como un ritual de que eso ha sido expresado. En primer lugar, esta es una señal de que pudimos escribir eso que nos atormentaba. En segundo lugar, pudimos verbalizarlo. Y en tercer lugar, el romperlo es un símbolo, no de que ya superamos el evento, sino de que pudimos librarnos de aquello que nos tenía aprisionados, pudimos sacarlo hacia afuera y desgastarlo, le quitamos su poder.

¿Con qué personas te quedaron cosas guardadas en tu corazón? Esta semana dedicala a hacer este ejercicio.

Pensá a qué persona de confianza te gustaría contarle lo que has escrito. Esa persona solo debe escuchar sin emitir juicio, ni opinión, ni comentario. Luego de leérselo, verbalizalo y rompelo como acto terapéutico. En caso de que no encuentres una persona de confianza, o no quieras leérselo a nadie, una vez que lo termines, leelo en voz alta para vos mismo y luego rompelo.

Recordá:

Nos curamos cuando ponemos en palabras lo que nos sucede.

Una vez que escribas durante una semana pensá:

¿A qué persona de confianza te gustaría leerle esto sin que emita ningún juicio?

3

LA SILLA VACÍA

1. Qué nos dicen las emociones

Las emociones son voces que nos indican algo. El miedo es una voz que nos dice que existe un peligro. La tristeza es una voz que nos muestra una pérdida que tenemos que soltar. El enojo es una voz que nos anuncia que hay una piedra en el camino y necesitamos removerla. La culpa es una voz que expresa que hay algo que reparar en nuestra vida.

Es importante, en primer lugar, reconocer nuestras emociones. No negarlas ni intentar taparlas. Aceptar lo que sentimos, que no es ni bueno ni malo, simplemente ES. Una vez que yo puedo identificar una emoción, soy capaz de expresarla, de ponerla en palabras, de decirla.

Nos curamos hablando. Y, como contraparte, lo que la boca calla el cuerpo lo expresa. Cuando desarrollamos el hábito de acumular emociones negativas, nuestro cuerpo, que es muy sabio, procurará siempre encontrar la manera de liberarlas. Y nuestro organismo tiene sus propias "válvulas de escape" para hacer salir las emociones. Por lo general, lo hace por medio de la explosión. Aquel que grita, golpea o rompe, no está liberando la tensión de modo saludable. Otra válvula no saludable a la que nuestro cuerpo puede recurrir es una enfermedad. Así es como se genera el estrés que los expertos consideran "la plataforma emocional de diversas enfermedades". El síntoma (gastritis, dolores articulares, excesivo cansancio) es la señal que nuestro cuerpo envía para advertir que es preciso liberar la tensión acumulada.

Vivir una situación de alto impacto, como un robo, un grito inesperado, una persona que nos arroja el auto encima y se baja de su vehículo a los gritos insultándonos, nos somete a un elevado nivel de violencia. Allí uno puede reaccionar de tres maneras:

a. *Atacar*, lo cual no resuelve nada, pues se trata de un acto de violencia y se limita a devolver con la misma moneda.
b. *Huir*, es decir, quedarse callado.
c. *Poner en palabras lo que sucede*, algo que no siempre resulta fácil ya que, en una situación de violencia, muchas veces lo más prudente es permanecer callado.

Pero ¿qué sucede con las emociones que no expresamos?

Necesitamos manifestarlas, porque si no lo hacemos, quedarán encapsuladas en nuestro cuerpo.

¿Cómo dejar salir esas emociones?

Moviéndonos. Salir a caminar o a correr, por ejemplo, nos brinda la posibilidad de gastar energía física y activar nuestra masa muscular. Es altamente terapéutico. Hablar solamente no es suficiente porque la emoción negativa, en su mayor parte, queda retenida en el cuerpo, por lo cual moverse, bailar, nadar o cualquier otra actividad física de nuestra preferencia, hace que gastemos el estrés acumulado.

Tragarnos las emociones, en lugar de ponerlas en palabras, nos enferma. Supongamos que una persona fue asaltada. A raíz de este hecho traumático quedó petrificada: no logra expresar su angustia, le cuesta hablar. Frente a esta situación, se puede colocar una silla vacía delante de esta persona y pedirle que imagine que se trata del ladrón, a fin de que se permita llorar, gritar, insultar. La silla parece vacía pero no lo está. A través de la imaginación, reproduciendo simbólicamente una situación de diálogo, podemos expresar nuestras emociones, y así evitar enfermedades.

¿Qué te gustaría lograr?

Quizá querés ser más expresivo, menos vergonzoso o más seguro de vos mismo.

Imaginá ahora que ya sos como querés ser y hacé una actuación como si estuvieras interpretando a un personaje. Al actuar estás sintiendo, experimentando eso que querés ser, y lentamente vas incorporándolo. Recordá: lo que no hables lo hablará tu cuerpo. ¡Poné en palabras tus emociones negativas!

2. VAMOS AL EJERCICIO: "LA SILLA VACÍA"

Poné una silla vacía delante de vos. Imaginate que tenés enfrente a esa persona o esa situación por la cual sufriste un enorme miedo, o un alto nivel de injusticia y violencia, y no pudiste decirle nada. Ahora permitite expresar todo lo que no pudiste decir en esa situación. Puede ser hablando, gritando o fluyendo en lo que surja. Lo importante es que te tomes diez minutos para verbalizar absolutamente todo.

Analicemos la perspectiva que propone el doctor Marcelo Ceberio con la silla vacía. Según él, uno puede decir que en esa silla no hay nada, pero no es una silla vacía sino una "silla llena", dado que allí proyectamos nuestras fantasías y nuestras situaciones difíciles. Una vez hecho esto, despedite, lavate la cara como señal de cierre del ejercicio y continuá con tu tarea.

Estos ejercicios nos permiten el alivio a través de la expresión, para que lo negativo no quede guardado en nuestro cuerpo y nos provoque trastornos de salud.

¿Cuánto tiempo debe durar este ejercicio? No hay un tiempo, solo permitite expresar todo aquello que quedó guardado. Puede durar cinco, diez, quince minutos, no te apresures a cerrarlo. Recordá que estás solo y que estás en un ambiente seguro y que darte permiso para sacar lo que está guardado es un acto sanador.

4

LAS TRES GRACIAS

1. EL PODER DE LA GRATITUD

Dar las gracias es algo poderoso, ya que pone el foco en lo que logramos, porque ciertamente todos tenemos cosas para disfrutar y valorar. La persona insatisfecha, el auto-exigente, siempre mira lo que le falta, y eso le genera una constante sensación de pérdida.

Existen dos tipos de gratitud: el *acto* y la *actitud*. El acto es específico. Por ejemplo, yo te doy las gracias por-que me llamaste en ese momento en el que yo estaba mal. La actitud, en cambio, es cuando yo le doy gracias a la vida, "que me ha dado tanto". Es decir, que tengo una actitud positiva de agradecimiento, de esperanza, porque la vida me da bendiciones. Esta segunda forma es más ge-neral, mientras que dar las gracias como acto obedece a algo específico.

¿Cuál de estas dos variantes tiene más poder?

Las dos por igual, pero juntas. Sin embargo, el acto es más fuerte que la actitud.

Todos conocemos gente que a pesar de tener mucho vive quejándose por lo que le falta. Por otra parte, también hay personas agradecidas por lo que tienen, aunque esto sea poco. No es difícil notar la plenitud y la alegría de quienes integran este segundo grupo. Son personas generosas, que ayudan al que está en necesidad, que ponen a disposición del otro todo cuanto poseen. Esta es la razón por la que, tarde o temprano, aquello que no tenían y necesitaban llega a sus manos. Cuando damos gracias por lo que tenemos viene lo que nos falta. Hay aumento en nuestra vida cuando somos personas agradecidas.

Los reconocidos terapeutas Mark Beyebach y Marga Herrero de Vega proponen en su libro *200 tareas en terapia breve*[1] un ejercicio que consiste en identificar tres pequeños actos: lo que uno hace hacia el otro, lo que uno hace hacia sí mismo y lo que la otra persona ha hecho hacia uno. Cuando hacemos el bien, este vuelve a nosotros, y además, nos sentimos útiles. Muchas veces perdemos de vista que alguien nos ayudó, nos tendió una mano, se interesó por cómo estábamos, por eso es importante que recordemos ser agradecidos con la gente que con un pequeño o gran gesto nos hace bien. Pero vos y yo también estamos capacitados para hacer algo por nosotros mismos. Disfrutar de un café, comprarnos algo que queríamos hace mucho, darnos un gusto son placeres que nos regalamos a nosotros mismos y que nos reconfortan.

Para cultivar la gratitud, necesitamos aprender a pararnos desde el lugar de lo que tenemos y no desde el lugar

---

1. Mark Beyebach y Marga Herrero de Vega, *200 tareas en terapia breve*, Herder, Barcelona, 2016.

de lo que nos falta, y, desde esa posición, ser agradecidos. Posicionarse desde el lugar del agradecimiento es ver el vaso medio lleno, y otro lleno, y otro lleno, y otro lleno... ¡y cien botellas llenas! Esto no implica negar el problema, sino pararse desde un lugar de energía y de acción para transformar lo que no funciona, sabiendo que todas las cosas nos benefician.

Si tuviste que estacionar lejos el coche porque estaba todo lleno, decí: "Gracias porque tengo coche". No para resignarte sino para que a partir de la alegría que te produce disfrutar lo que ya tienes vayas por lo que te falta.

¿Sos agradecido o todavía seguís nombrando lo que te falta? Todos tenemos motivos para dar gracias cada día.

2. Vamos al ejercicio: "Las tres gracias"

1. Pensá en qué cosa, algo pequeño, hizo alguien hoy por vos que te hizo sentir agradecido. Anotá aquí abajo quién fue y qué hizo:

. . . .
. . . .
. . . .
. . . .
. . . .

2. Pensá qué cosa, algo pequeño, hiciste por alguien hoy y que te hizo sentir agradecido. Anotá qué hiciste y para quién.

. . . .
. . . .

. . . .
. . . .
. . . .

3. Pensá qué cosas, algo pequeño, hiciste vos por vos mismo y que te hizo sentir agradecido. Anotalo aquí abajo.

. . . .
. . . .
. . . .
. . . .
. . . .

Hacé una declaración en voz alta dando las gracias por haber recibido ayuda, por ayudar a otros y por haberte ayudado a vos mismo a través de esos pequeños gestos.

. . . .
. . . .
. . . .
. . . .
. . . .

Hacé este ejercicio durante una semana.

5

HACER ACTIVO LO QUE VIVÍ
DE MANERA PASIVA

1. DARME A MÍ MISMO LO QUE ESPERO DE LOS DEMÁS

Cuando una persona piensa "Nadie me valora", es porque ella no se valora a sí misma. Siempre que esperamos algo del otro es porque no nos lo dimos a nosotros primero. Entonces, cuando te surja ese sentimiento de que no sos valorado, de que no sos reconocido, de que nadie te llama, de que nadie te trata bien, es momento de comenzar a valorarte, a reconocerte, a tratarte bien. Quien le pide a su pareja que lo valore, está reclamando algo que no se da a sí mismo. Tenemos que comenzar por amarnos y darnos lo que necesitamos nosotros mismos. Entonces, cuando uno se trata bien y se acaricia emocionalmente, después puede pedírselo a los demás. Si el otro dice que sí, lo vamos a disfrutar. Si el otro dice que no, no nos va a doler mucho porque ya nos lo hemos dado nosotros mismos. Hay una gran diferencia entre pedir desde el estar vacío y pedir desde el estar lleno.

Cuando uno se queja porque no obtiene el reconocimiento ni la validación del otro, en primer lugar debería preguntarse si se reconoce y se valida a sí mismo. Muchas personas han pasado por distintos tipos de carencias en la infancia pero, cuando alcanzamos la adultez, no es el otro quien debe sanar nuestra carencia sino que es algo que le corresponde hacer a cada uno. Con respecto a lo que esperás del otro, siempre mirá hacia dentro y preguntate si te lo estás dando a vos mismo. Si te lo das a vos mismo, muy probablemente no vayas a buscarlo en los demás. Si el otro te lo da, lo vas a disfrutar porque será un *bonus track*, algo bueno que se suma a tu vida, pero no caminarás por la vida con el cartel de necesitado para que alguien llene el vacío que uno mismo debe llenar.

2. LA CAPACIDAD DE TRANSFORMAR LO MALO

A todos nos suceden cosas negativas que desearíamos no tener que vivir. Todos tenemos alguna carencia en la vida, ya sea económica, afectiva, física o de estima. Pero también es cierto que todos nacemos con la capacidad, el don, de transformar lo malo que nos pasa en crecimiento y en avance. Todos tenemos la habilidad de cambiar una carencia en energía, en fuerza. Comparto dos ideas de este don extraordinario que poseemos en nuestro interior para hacer activo lo que nos hizo pasivos:

a) Podemos cambiar el "no es mío" por el "sí, es mío"
Quizá muchas personas te dijeron: "Nunca lo vas a lograr", pero vos tenés la capacidad interna de cambiarlo en: "Sí, lo voy a lograr". La gente emocionalmente sana

no espera a tener algo para ser feliz; es feliz antes de tenerlo. Tu padre, tu madre, tu abuelo, tu tío o quien sea te pueden haber dicho que algo no es para vos, una carrera, un empleo, una casa, una pareja, etcétera, y que nunca lo vas a tener. Pero vos naciste con el potencial ilimitado de cambiar el "no" por un "sí" y de ser feliz antes de poseer lo que tu corazón anhela.

b) Podemos cambiar los ataques que nos causan inseguridad por seguridad

Los ataques, las persecuciones, las difamaciones, las burlas, el bullying: todo eso genera una gran inseguridad, baja estima y miedo en una persona. Sobre todo en la infancia. ¿Qué es el miedo? Es fe en reversa, es decir, fe para lo malo. Quien es inseguro y temeroso acostumbra pensar: "Me va a ir mal"; "me voy a enfermar"; "me voy a morir"; "esta situación es grave", y se deja influenciar por todo lo negativo que otros le dicen. Fe en lo malo es miedo. Pero vos y yo tenemos la capacidad de cambiar toda esa inseguridad en seguridad y de convertirnos en seres humanos estables, firmes, con convicciones, que se asemejan a esos árboles plantados a la orilla de un río, que dan fruto permanentemente y cuyas hojas nunca se marchitan.

¡Vos y yo tenemos la capacidad de transformarlo todo!

3. TODOS NECESITAMOS SER VALIDADOS

Muchas personas desean formar pareja y compartir su felicidad con alguien, pero tienen vacíos, baches, que son producto de carencias en la infancia. Por ejemplo, cuando se crían sin uno de los padres y entonces falta la imagen masculina del papá o la imagen femenina de la mamá. Entonces trasladan esas carencias a la pareja: "Me siento sola, necesito un hombre", o "Preciso una mujer que me haga compañía". Cuando uno se siente solo, necesita sanar su soledad; de lo contrario, corre el riesgo de elegir a una persona que primero lo convierta en rey o reina…, pero luego lo baje a plebeyo.

Una de las necesidades que todos los seres humanos compartimos es la de *intimidad*, la cual consiste en abrirle nuestro corazón a alguien y que ese alguien nos abra su corazón a nosotros. Necesitamos sentir que conectamos. Eso se llama compromiso, vínculo, intimar con el otro, darme a conocer y conocer al otro, relación afectiva profunda. Cuando alguien tiene una carencia de afecto, buscará que el otro supla esa carencia. "Me faltó valoración y quiero que mi pareja me valore". "Me faltó cariño y quiero que el otro me dé cariño". La persona necesitada a nivel emocional va por la vida buscando a alguien que llene o complete lo que le falta. Ahí es cuando pueden aparecer los psicópatas y los narcisistas, expertos en buscar gente necesitada que está esperando que alguien supla las carencias afectivas.

Cuando movemos una puerta de un lado al otro, esta gira en torno a los goznes o bisagras, pero no sale de ahí. Salomón, unos de los sabios más grandes de la historia, consideraba que aquellos que viven dando vueltas no llegan a ningún lado. Lo mismo sucede con los que no se mueven, los que no accionan y solo opinan, los que se quejan, los que se colocan en el papel de víctima. Un ejemplo típico de esto son los teóricos que tienen una explicación para todo; sin embargo, en raras ocasiones llegan a resolver un problema o una dificultad. Si se rompe una lamparita, ellos te explican la falla en términos técnicos, pero no se molestan en cambiarla. En nuestra cultura muchos hablan una y otra vez de economía o de política, pero no logran explicar por qué tuvieron que cerrar su negocio. Las personas que dan vueltas y vueltas en su mente, como una calesita, escasamente llegan a destino.

4. Elegir ser activos

A todos nos paralizan ciertas emociones o situaciones: el dolor emocional por una separación de pareja o la pérdida de un ser querido, la baja estima, la timidez, la enfermedad (propia o ajena), el miedo, la culpa. En los momentos más difíciles de nuestra vida solemos decir: "Hasta acá llegué". Sin embargo, siempre hay algo más que podemos hacer y es entonces, en realidad, cuando más tenemos que movernos.

La adversidad pretende dejarnos pasivos, pero nosotros tenemos la capacidad de activarnos. Una persona enferma, por ejemplo, puede decidir participar activamente de su recuperación. Una persona que perdió a un ser querido, a pesar del dolor, puede decidir realizar un duelo limpio y, en lugar de preguntarse "¿Por qué me pasó esto a mí?", escoger hacer algo que la ayude a agotar el dolor. Quejarnos, amargarnos, echarle la culpa a otro, preguntarnos "¿por qué?" y cualquier actitud similar solo nos mantiene detenidos sin capacidad de hacer nada para transformar la situación.

En cualquier área de nuestra vida donde algo o alguien nos haya hecho pasivos, es fundamental que decidamos voluntariamente ser activos. Aquello de lo que carecimos en la infancia, por ejemplo, un papá o una mamá que nos abrace y nos escuche, o aquello que nos mantiene paralizados en la adultez, hoy podemos repararlo y hacerlo activo. ¿No tuviste cariño? Dale cariño a otros. ¿Tuviste carencia económica y hoy estás en una situación holgada? Ayudá a alguien que esté pasando necesidades para salir adelante.

La vida siempre nos brinda una segunda oportunidad..., y una tercera..., y una cuarta..., y una quinta...

5. VAMOS AL EJERCICIO: "HACER ACTIVO LO QUE VIVÍ DE MANERA PASIVA"

Todos hemos sufrido carencias, tal vez de abrazos, de felicitación, de aliento, de motivación. Quizá esa carencia proviene de nuestra mamá o papá o de alguien significativo.

Anotá aquí abajo dos carencias que has tenido. Por ejemplo: "Me hubiese gustado que mi mamá me abrazara más". "Me hubiese gustado que mis padres me motivaran a estudiar".

. . . .
. . . .
. . . .
. . . .

Pensá ahora en una persona en la que podrías hacer activa esa carencia que padeciste. Por ejemplo: tal vez pensaste que no te felicitaron o te descalificaron permanentemente. Buscá a esa persona y felicitala.

Es decir, hacemos activamente en el presente lo que sufrimos pasivamente en el pasado. Al hacer con el otro lo que nos hubiese gustado que hicieran con nosotros, sanamos algo de nuestra historia. Es decir, nunca es tarde para tener una infancia feliz.

Te sugiero que hagas este ejercicio con las mismas personas todos los días o con distintas personas reforzando activamente lo que a uno le hubiera gustado recibir.

6

HACER ALGO
TOTALMENTE DISTINTO

1. DE LO PEQUEÑO A LO MÁXIMO

Todos nos acostumbramos a hacer las cosas de la misma manera en muchas situaciones. Entramos en una rutina y una zona de confort donde comenzamos a sentirnos cómodos y, muchas veces, allí decidimos quedarnos a vivir. Te comprás la casa y te estabilizás, o tenés un buen trabajo y entrás en la rutina, o tenés una pareja y entrás en piloto automático. El hecho es que, cuando las cosas que solemos hacer a diario, nuestras rutinas, nuestro hacer cotidiano, dejan de funcionar como queremos, comenzamos a frustrarnos. Los seres humanos funcionamos con estabilidad; sin embargo, a veces, esta nos paraliza. Allí, desde ese lugar, el desgano se apodera de nosotros y los problemas comienzan a surgir. El problema quiebra la estabilidad, es un despertador, un rompedor de la homeostasis o el equilibrio. Tendemos al equilibrio y el problema lo sacude. El equilibrio no nos deja crecer, mientras que el problema nos moviliza y nos lleva al crecimiento.

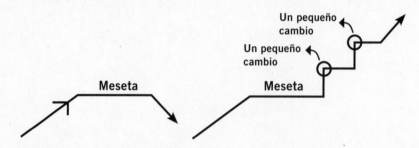

Todo problema debería llevarnos al crecimiento.

Ahora bien, para que nos lleve al crecimiento, debemos hacer los cambios y los ajustes necesarios para que lo que no funciona comience a funcionar. Muchas veces, cuando enfrentamos una dificultad, tomamos la decisión de implementar ciertos cambios que, en realidad, *no cambian nada*. Intentamos una y otra vez hacer las mismas cosas y, en consecuencia, obtenemos los mismos resultados. ¿Qué deberíamos hacer en estos casos? Desarrollar el "pensamiento lateral", que nos permite hallar una nueva estrategia para salir del pozo. Los psicólogos lo llaman "cambio 2", y se refiere a la transformación que logra modificar las circunstancias. A veces no es cuestión de tener capacidad o habilidad, sino de escoger la herramienta correcta.

Si lo que estás haciendo no te funciona, hacé algo totalmente distinto.

Cuando dos personas me comentan: "Peleamos mucho en la pareja", yo les pregunto: "¿Qué hicieron ustedes para tratar de resolver este problema?". "Yo le pedí por favor que salgamos más a comer afuera...". "Yo le respondí que no era el momento de gastar". Anoto todo lo que hicieron y no les funcionó y les sugiero: "Esto déjenlo de hacer, porque no funciona y es lo que mantiene su problema con vida".

La mayoría repetimos lo que no funciona creyendo que en algún momento va a dar buenos resultados. "Ya le pedí que me traiga un regalo muchas veces y no me lo trae...". Entonces, no es momento de seguir reclamando, es tiempo de hacer otra cosa. Otra posibilidad a ese regalo que querés es que vayas vos a comprarlo. ¡Hacé algo distinto!

Una mujer puede reclamarle a su marido que la salude cuando viene del trabajo y, al ver que nada sucede, le habla y le habla hasta que todo termina en una pelea. Al otro día, cuando el marido regresa de su trabajo, en lugar de intentar otra cosa, reitera "sus conversaciones" y así perpetúa el problema. Es tiempo de buscar otra salida.

Las soluciones intentadas que no resolvieron el problema son "el verdadero problema". Es decir, lo que hace que el problema se perpetúe y se mantenga son esas soluciones que se siguen intentando y no sirven en absoluto. Cuando algo no funciona, necesitamos dejar de hacer lo mismo una y otra vez, con la esperanza de obtener un resultado distinto. Para que lo nuevo empiece a suceder, es hora de dejar de decir: "Esto ya lo viví".

2. EL PODER DE MIRAR SIEMPRE HACIA ADELANTE

Una *actitud optimista* es un elemento muy útil a la hora de intentar modificar una circunstancia dura para lograr una mejor calidad de vida. Ser positivo es un estilo de vida sano que nos permite verlo todo desde otra perspectiva. Te invito a analizar en qué consiste ese estilo de vida:

- *En creer que todo lo que hacemos tiene valor*

Quien enfrenta la vida con espíritu positivo trabaja para lograr sueños grandes y cree que todas sus acciones son importantes, aun cuando se trate de algo insignificante para los demás. Es alguien que se motiva a sí mismo y sabe para qué está en esta Tierra. Casi siempre tiene éxito en todo lo que emprende y considera su vida como trascendente.

- *En ver los puntos fuertes en todo y en todos*

Alguien que mantiene una actitud positiva siempre está enfocado en las fortalezas de todo y de todos. Las ve y las menciona. Muchos desearían tener las habilidades de otras personas, pero todos los seres humanos fuimos creados con habilidades propias. Todos poseemos fortalezas y debilidades. Por eso, en vez de enfocarnos en los demás, tenemos que ocuparnos de soltar el potencial que está dentro de cada uno de nosotros. Las personas positivas no critican ni desmerecen los puntos fuertes de los demás, ni buscan competir con nadie, sino que despliegan su "arsenal" de capacidades propias. El conferencista motivacional Nick Vujicic, que vino al mundo sin brazos y sin piernas, dice: "Cuando ves tu vida, hay muchas cosas negativas para señalar, pero enfócate en lo positivo".

- *En hallar una salida a cualquier dificultad y compartirla con otros*

Es importante aprender a verbalizar la solución, en lugar de verbalizar el problema. Si, por ejemplo, un barco está por hundirse, en vez de decir: "Nos hundimos", po-

dríamos expresar a viva voz: "¡Vamos, todos a nadar!".
Esta actitud puede generar un gran cambio. En el trabajo,
por ejemplo, una frase como "Encontré este error y pensé
en algo que puede ayudarnos a enmendarlo" nos libera de
toda negatividad y trabaja a favor de nosotros. Un buen
líder observa lo negati-
vo, lo reconoce, pero elige hablar de lo positivo
y busca alternativas para
transformarlo.

Hablale al problema
de la solución, sin importar
su tamaño.

3. PRÁCTICAS DE EXCELENCIA

Muchas personas no se dan cuenta de que piensan negativamente, pero todos tenemos la capacidad de elegir
pensamientos positivos que nos permitan triunfar en la
vida. Comparto a continuación algunas *prácticas de ex-
celencia* que deberíamos cultivar y practicar a diario en el
camino a la cima:

• *Llenarse de fuerza y alegría*
Si consumís energía en hacer aquello que amás, tendrás aún más energía. Algunos dedican su fuerza en dis-
cutir, vengarse, guardar rencor, sin darse cuenta de que
gastan energía inútilmente e incluso podrían llegan a enfermar. Apliquemos nuestra energía en perseguir nuestros sueños.
Si hay coherencia entre lo que pensás, hacés y decís,
tarde o temprano llegarás a la cima, que no es otra cosa
que lograr aquello que deseás en la vida.

• *Desarrollar nuestro potencial interno*

Siempre podemos hacer una milla extra. Tu lugar actual no es todo lo que podés alcanzar. Si no querés estancarte, animate a liberar tu potencial. Diseñá el futuro que querés vivir, establecé nuevos objetivos con regularidad, disfrutando a la vez del presente que estás atravesando. Dentro de vos se halla todo aquello que precisás para avanzar: fortaleza, sabiduría, ideas, etcétera. Por esa razón, nadie podrá jamás quitarte nada ni agregar nada a tu vida.

• *Darle importancia a lo que logramos en la vida*

Esta actitud nace del amor por uno mismo. Por supuesto, se trata de un amor sano y equilibrado. Muchos no valoran sus logros, o los minimizan, porque creen que de esa manera están siendo humildes. Reconocé todo lo que consigas en la vida, por pequeño que sea.

• *Usar palabras positivas*

Si tenés un sueño, hablá de este con personas que lo alimenten y te animen siempre a ir por más. Tu éxito depende de tu hablar, pues una palabra es un pensamiento expresado. Prestá especial atención a lo que pasa por tu mente y luego sale de tu boca, porque lo que expreses será lo que verá convertirse en realidad.

• *Ser valiente*

¿Te caracteriza la valentía? Ser valiente no es sinónimo de no temer sino de actuar a pesar del temor. Necesitamos valor para accionar. Eso nos brinda la seguridad de que todo lo que viene es mejor que lo que ya pasó y de que todo lo que hagamos en la vida nos saldrá bien.

• *Intimar con aquellos que le aporten algo positivo a nuestra vida*

Esto además incluye el mantenerse lejos de la gente incorrecta, es decir, de los que se quejan todo el tiempo, los que hablan negativamente, los que no valoran tus sueños y no pueden alegrarse con tus logros. Convertite en alguien proactivo, no reactivo, en alguien que hace sin que se lo pidan. Considerá a las personas complicadas solo como guías para saber qué es lo que no debemos hacer para avanzar. ¿Alguna vez le prestaste dinero a alguien que nunca te lo devolvió? Muy probablemente aprendiste a no volver a prestarle dinero a nadie. Lo ideal es aprender de los errores de los demás. El sabio aprende de sus propias equivocaciones y de las equivocaciones ajenas.

Para finalizar, los problemas no son el problema sino las soluciones intentadas, las cuales en lugar de resolverlos, los mantienen. Tenemos que dejar de lado las soluciones que ya intentamos y no funcionaron, para hacer algo totalmente distinto.

4. Vamos al ejercicio: "Hacer algo totalmente distinto"

Pensá en una situación difícil que hayas intentado resolver. Anotala aquí abajo: un problema de pareja, un problema con mi hijo, un problema con un amigo.

1..
....
....

2 . . . .
. . . .
. . . .
3 . . . .
. . . .
. . . .

Anotá ahora cinco o seis cosas que hiciste para tratar de resolver ese problema, por ejemplo: le pregunté, le hablé, le insistí, etcétera.

1 . . . .
. . . .
2 . . . .
. . . .
3 . . . .
. . . .

Una vez que hayas anotado eso, ya sabés lo que no funciona. Ahora te propongo hacer algo totalmente distinto de lo que venías haciendo.

1 . . . .
2 . . . .
3 . . . .
4 . . . .
5 . . . .
6 . . . .

Una vez que hayas completado esto, anotá: "Lo que voy a hacer de ahora en adelante". Pensá en cada una de esas situaciones pasadas y en qué podrías hacer ahora, que sea totalmente distinto, y anotalas. Ese pequeño cambio tal vez no resuelva el problema, o quizá pueda ser el comienzo de un nuevo circuito, de una nueva manera de pensar la situación.

7

LA FOTO DEL FUTURO

1. SI LO VEO, ES MÍO

Todos necesitamos tener un sueño, perseguirlo y buscar que se haga realidad. Sin los sueños, caeríamos en la desesperanza y en el desánimo. Quien tiene un sueño, construye un mañana y, a la vez, se convierte en visionario.

La visión es el primer paso para alcanzar un sueño. Es la capacidad de ver lo que deseamos antes de que ocurra. Así como una mujer embarazada no puede ver al hijo que lleva en el vientre pero está segura de que vive, porque lo siente moverse y escucha el latido de su corazón, del mismo modo se gesta un sueño y va creciendo en el interior de un ser humano. Pero para ver nuestros sueños convertidos en realidad, debemos enamorarnos de ellos desde el comienzo, mantener la visión en la meta y movernos para llegar a ella. Todo eso hará que tarde o temprano el sueño vea la luz.

Para que todo lo bueno que esperamos suceda, el primer paso es imaginarlo, verlo. Necesitás visualizarte llevándote bien con tu pareja, ver a tus hijos estudiando y proyectando su futuro. ¿Cómo los estás viendo hoy? Si tu respuesta es negativa, pesimista, probablemente por eso no haya cambios. Porque si lo ves, lo tenés; pero si no lo ves, no lo tenés. ¿Te ves con un mejor trabajo? Si lo ves (no si lo decís), lo tenés. ¿Te ves con tu familia llevándote bien? Si lo ves, es tuyo. Este es el poder de la visión.

Un pasajero abordó un taxi y le indicó al conductor: "¡Vamos, vamos, rápido!". El taxista aceleró y condujo a gran velocidad. De pronto, el hombre le preguntó: "Disculpe, ¿usted sabe adónde nos dirigimos?". "No tengo la menor idea pero sí que vamos rápido, ¿no le parece?". Muchos se suben al coche de la vida y manejan rápidamente sin saber adónde van. Si queremos lograr todo lo que nos proponemos, es fundamental tener claro cuáles son nuestras metas u objetivos a corto plazo. De esta manera, cada vez que obtengamos un logro, tendremos la posibilidad de motivarnos a nosotros mismos, desafiarnos a seguir adelante y no detenernos hasta alcanzar la cima.

Para cumplir nuestros sueños debemos desarrollar esa capacidad de visión. Visualizá tus sueños y desplegá tu sensibilidad para ver "la foto del futuro" porque si vos lo ves, es tuyo.

La persona que espera más que los demás recibe más que los demás. Según la "ley de la expectativa", esperar que ocurra siempre lo mejor hace que eso se acerque a nuestra vida. Esto no significa ilusionarse ni tampoco negar la realidad, sino aceptar lo que es, pero, a la vez, pensar que es posible construir un mañana mejor.

Aunque tengamos que enfrentar la peor adversidad, siempre deberíamos perseguir algún sueño. La pobreza no nos permite planificar a futuro; es un estilo cortoplacista que solo considera su aquí y ahora.

Veamos un principio poderoso. Antes de hacer algo todos los días, proponete salir a caminar y pararte en un determinado lugar. Desde allí, intentá verte, imaginarte, visualizarte como si vieras la mejor película de tu vida, con un futuro feliz, bendecido. Hay visiones que tardan años y otras que tardan meses en llevarse a cabo pero, si lo ves, es tuyo. Myles Munroe, reconocido orador motivacional, decía que todas las cosas se crean dos veces. Primero en el mundo interior y luego en el mundo exterior. Primero lo ves en los ojos de tu espíritu para luego verlo en los ojos físicos.

El hecho es que aunque la visión tarde, tenemos que esperarla porque vendrá. No importa el paso del tiempo, no importa lo que pase en momentos de confusión o crisis, la economía del país ni todas las variables que puedan darse, mantenete fuerte, sano y soñador. Con el paso del tiempo, la gente suele declinar y abandonar sus sueños, pero los soñadores son como la luz de la aurora que va en aumento hasta que el día es perfecto porque avanza hacia su futuro.

> **Aunque el cuerpo se desgaste, tu espíritu va a estar fuerte porque hay un sueño por el cual luchar.**

La foto del futuro necesita espacio y preparación. Cuando recibís a alguien en tu casa por primera vez, te esmerás en el orden, la limpieza y la armonía de tu hogar. Cuando comprás un mueble nuevo, te deshacés del viejo. Cuando te comprás ropa, hacés espacio en el armario. Porque para que haya algo nuevo, necesitás mover algo viejo. Por eso, muchas pérdidas no son tales, sino espacios creados para traerte lo nuevo, para darle lugar a la foto del futuro.

2. EL FUTURO ES ORIGINAL

¿Tenés algún familiar que te copia en todo lo que hacés? Te compraste una cartera, por ejemplo, y tu amiga se compra la misma. Te fuiste de vacaciones a la costa y tu compañera de trabajo, al mes siguiente, decide ir también allí. Te compraste los zapatos y ella también los compra. Y pensás: "¿Me estará copiando?". Cuando uno es una inspiración a otros debe sentirse contento.

Ahora bien, ¿por qué copia la gente? Porque no tiene futuro. La persona que no tiene futuro fotocopia al que sí lo tiene y cree que así construye un destino. No se da cuenta de que esa empresa es imposible, porque el futuro siempre es original.

Cuando diseñás tu mañana, la fe te da fuerzas para llegar a tu destino. En el camino probablemente sucedan muchas cosas, algunas saldrán bien y otras no, pero la fe no te tiene que detener en el día a día sino enfocarse hacia el destino grande, hacia la foto grande, hacia la zanahoria grande.

Toda visión tiene que durar en el tiempo. Es fácil deprimirse al enfrentar las piedras en el camino que a todos nos aparecen. Pero solamente los que perseveran y jamás se dan por vencidos llegan a la meta. Mirá la película de tu vida hasta el final. ¡No abandones el cine antes de que acabe! Desarrollar el hábito de visualizar el cumplimiento de un objetivo nos permite avanzar, independientemente de lo que pase afuera.

3. VAMOS AL EJERCICIO: "LA FOTO DEL FUTURO"

Pensá tres sueños que te gustaría alcanzar. Buscá una foto de lo que te gustaría tener: la casa, el auto, etcétera. Cargá esas tres fotos en tu celular, miralas todos los días y compartilas con alguien. Esto te recordará el foco hacia donde vas. Recordá que el líder es fuerte cuando tiene en claro su objetivo.

8

MI PEOR FANTASÍA

1. No quiero pensar en lo que pueda pasar

La imaginación es distinta de la fantasía. Mientras la fantasía no tiene en cuenta la realidad y trata de cosas imposibles, la imaginación percibe la realidad y proyecta sobre ella acciones posibles. La imaginación es la fuente de la creatividad.

Los seres humanos pensamos en imágenes. Todo comienza siempre con una imagen en nuestra mente. Hoy sabemos que la imaginación ejerce un poder impactante en nosotros. Ella nos permite visualizar lo que nos gustaría lograr. En psicología del deporte, por ejemplo, muchos profesionales, además del ejercicio físico, le hacen imaginar al deportista el resultado que espera alcanzar, el éxito de su entrenamiento.

El temor frente a un peligro real es un miedo fundamentado, tiene un correlato con la realidad, se pone en marcha para alertarnos de una amenaza y es una señal positiva. En cambio, el temor frente a algo imaginario es negativo e irracional. Del miedo negativo que se mantiene en el tiempo surge lo que conocemos como fobia. Este tipo de temor, que vamos depositando en diferentes sitios, contamina nuestra personalidad, la altera y termina por apoderarse de nosotros. Por esa razón es fundamental aprender a administrar el miedo, y no a superarlo, como muchos creen.

Supongamos que estamos frente a un monstruo tironeando de una soga. El monstruo está de un lado, nosotros del otro, y en el medio hay un pozo. El monstruo tira de la soga con el objetivo de que caigamos al pozo, y nosotros luchamos ejerciendo fuerza para hacerlo caer a él. Esta situación grafica la lucha mental que muchas veces tenemos. El monstruo son nuestros miedos. ¿Qué debemos hacer? La respuesta es sencilla: tenemos que soltar la soga, porque, al hacerlo, el monstruo ya no tendrá poder sobre nosotros, y entonces podremos mirarlo a los ojos sin temor.

Imaginemos que una persona tiene una idea obsesiva. Sabemos que las ideas obsesivas son involuntarias y recurrentes, aparecen en la mente y generan intensa angustia. La persona lucha contra esa idea, y al hacerlo, la idea recrudece más y más. Entonces, la persona trata de evitar ese pensamiento. La evitación es el "método fundamental de los miedos". Pero, justamente, cuando tratamos de evitar nuestros temores, sin darnos cuenta les otorgamos más autoridad.

Una ansiedad exagerada que no cede se retroalimenta y suele traer como consecuencia trastornos de carácter fóbico o "ataques de pánico". Es por ello que necesitamos ser capaces de manifestar nuestros temores, poniéndolos en palabras y expresando aquello que tememos.

Cuando uno pone en palabras algo que teme, deja de ser una amenaza.

Si sufrís alguna fobia, es importante que realices una consulta con un profesional médico y además que dediques unos minutos cada día a pensar en tu temor más grande, es decir, la peor de tus fantasías negativas. ¿Cuál es la utilidad de esta técnica? Se enfrenta un temor cualquiera con un temor mayor. Exagerándolo al máximo, lo combatimos en la mente para que, poco a poco, ese fantasma vaya desapareciendo.

Pensá: "¿Qué es lo peor que me puede suceder?" Una vez que imagino lo peor, digo: "¿Qué puedo hacer desde lo peor?". Y desde allí comienzo a imaginar alternativas.

Pero si no sucediese lo peor, ¿qué sucedería? Tenemos miedo a lo peor pero no planificamos lo peor, por lo que queda como un miedo sin enfrentar. Entonces, por ejemplo, si me separo, ¿qué sería lo peor que pasaría? Probablemente no tenga los mismos recursos para mantenerme bien. Ahora, ¿qué podrías hacer para superar esa situación? El solo hecho de enfrentar el fantasma nos permite armar el plan y derribar esa fantasía que se limitará a ser solo eso, una fantasía.

Concentrate en un tema que te preocupa, por ejemplo, perder el trabajo. Ahora reflexioná: ¿qué es lo peor que te podría pasar? Veamos algunas opciones:

a. Quedarte sin dinero para comer.
b. No tener finanzas para mantener a tu familia, a tus hijos.
c. No poder pagar el alquiler.
d. Endeudarte.

Permitite pensar en eso, porque al enfrentar esa peor y grave fantasía, lo que sucederá es:

a. La gastarás.
b. La mirarás a los ojos.
c. Descubrirás que no tiene tanto poder.
d. Activarás las ideas creativas.

Pensemos en un tablero de ajedrez donde las piezas blancas son los pensamientos positivos y las piezas negras son los pensamientos negativos. Cuando en mis charlas pregunto: "¿Cuál sos vos?", algunos me responden "Las piezas blancas", otros "Las negras" y algunos, "Ambas". Pero nadie es el tablero. Y esto es correcto: somos más que nuestros pensamientos. Sin embargo, muchas veces el miedo al miedo es lo que nos paraliza. No queremos ni imaginar eso catastrófico que podría llegar a suceder. Para resolver esta situación es necesario mirar al miedo a los ojos. A pesar de la angustia, esto nos permitirá sentir, vislumbrar esa peor fantasía para descubrir que, al imaginarla y enfrentarla cara a cara, ella se irá perdiendo lentamente, ya que su poder está, justamente, en ocultarse.

El primer paso para administrar el miedo es reconocerlo en nuestra vida. Tenemos que saber que se trata de una emoción universal y normal. Si me doy cuenta de que tengo miedo y lo acepto, sin negarlo, el siguiente paso es intentar no ocultarlo (como muchos hacen). Alguien seguro de sí mismo siente temor al igual que alguien inseguro, pero ha aprendido a administrarlo y no permite que este lo controle.

2. VAMOS AL EJERCICIO: "MI PEOR FANTASÍA"

Pensá en un miedo particular o en una situación que te preocupa demasiado. Ahora tomate diez minutos para pensar o imaginar qué es lo peor que podría suceder. Obviamente, imaginarnos lo peor genera malestar, pero tenemos que hacer el esfuerzo de soportarlo. Una vez realizado esto, tomate diez minutos para pensar qué podrías hacer frente a eso tan malo, qué sucedería, qué perderías, qué ganarías, etcétera. Y aunque no lo puedas resolver, permitite enfrentar tus miedos. Esa es la manera para que dejen de tener poder sobre vos. Como dijo Marie Langer:[2] "Cuando expresamos lo que tememos, deja de ser peligroso".

Hacé este ejercicio cinco minutos de una manera segura, en un lugar aislado. Cuando termines, podés lavarte la cara y continuar con tu trabajo.

---

2. Marie Langer (Viena, 1910-Buenos Aires, 1987): psicoanalista, psicóloga y docente austríaco-argentina, fue una de las figuras fundadoras del psicoanálisis en nuestro país y está considerada como la psicoanalista mujer más importante de América Latina.

9

ESCUCHAR Y REPETIR

1. LA IMPORTANCIA DE LA ESCUCHA ATENTA

Vivimos en un tiempo donde el valor de la palabra escrita, de la palabra hablada y de la escucha está en descenso. Si bien son beneficiosas en determinados momentos y en ciertos ámbitos, las redes sociales no logran cumplir la función de la escucha atenta que todas las personas necesitan cuando atraviesan un momento especial de su vida. Podemos usar el WhatsApp para enviar mensajitos de aliento, de ánimo, emoticones y frases, pero la escucha personal produce otros resultados.

Todos necesitamos que nos escuchen y nos consuelen en algún momento de nuestra vida. Antiguamente, en la Grecia clásica, se acuñó el término *paregoría*, sustantivo que se traduce por "consuelo". El adjetivo asociado, "paregórico", se refería a algo que tenía la cualidad de calmar o aliviar el dolor. Los filósofos, con su manera de razonar y, sobre todo, con su discurso —la capacidad de hablar, de dialogar—, eran notables por su talento para consolar. Entre la correspondencia que el apóstol Pablo escribió en prisión hay algunas cartas en donde nombra a su amigo Justo y señala que él había sido un consuelo, un paregórico, literalmente. En su realidad amarga, prisionero injustamente, Pablo ve a Justo como un medicamento que aliviaba su dolor. Más tarde, el término *paregórico*, hoy en desuso, se trasladó exclusivamente al ámbito de la medicina. Un medicamento paregórico era un calmante que aliviaba el dolor.

"Calmar" significa "aliviar el dolor". Cuando una persona nos confiesa su dolor, su angustia, nuestra tarea en lo posible es aliviarla, jamás causar más padecimiento y enfermedad. Y qué mejor que nuestro cuerpo acompañe esa escucha. Cuando nuestras palabras y actitudes corporales están unidas, la persona a quien estamos escuchando se alivia y se llena de esperanza. Mientras abraces a tu hijo, decile que lo amás, que es el mejor hijo que pudiste tener.

Pero abrazar y escuchar no alcanzan. Si hacemos un resumen sencillo, con nuestras palabras, de lo que la persona nos dijo, va a estar segura de que la escuchamos con atención.

Uno también puede ser un medicamento para aliviar el dolor de la persona angustiada, del enfermo. Al escucharlos, uno puede llevar ese alivio a donde vaya. La "paregoría" también alude al consuelo a través de la palabra. Hablar sana.

¿Cómo podés ser un medicamento para tus hijos? Lo tomás a tu hijo y le das un abrazo, o le tocás la cabeza, o lo acariciás. ¿Y qué le decís? "Te quiero… ¡Qué lindo que sos! ¡Bravo!". Eso es un calmante para tus hijos. Recordá cuando era chiquito y lloraba por alguna cosa. Seguramente le decías: "Sana, sana, sana, ya está". Le brindabas alivio con palabras y a través del contacto físico. Hay personas que ofrecen consuelo verbalmente, pero no acarician, y otras que acarician, pero no hablan. Hoy podemos aprender una nueva manera de llevar alivio y consuelo al que lo necesita.

Cuando escuches lo que alguien te cuenta, repetile lo que te está diciendo: "Vos me estás diciendo a, b, c". Esto hace que el otro se sienta escuchado y comprendido, y a la vez, así se pone en marcha un mecanismo que hace que la persona, al sentirse escuchada y comprendida, siga pensando la solución a su problema y la encuentre. Vamos a insistir en este punto en otro capítulo, pero lo importante es enfatizar el hecho de que "escuchar" y repetir son "generadores de esperanza" y eso es terapéutico. La persona piensa: "Me está escuchando y me está entendiendo. Voy a seguir pensando en lo que me pasa para encontrar una solución". Es decir, escuchar y reflejar a través de un resumen lo que te cuentan proporciona esperanza, alivio, crea nuevas expectativas y levanta el ánimo.

En definitiva, todos podemos ser un medicamento para los demás, y en este caso no hay efectos secundarios.

2. MENTE APOSTÓLICA

Todos somos apóstoles. ¿Sabés qué quiere decir la palabra *apóstol*? Apóstol no era un título sino una tarea que se le daba a una persona, cuando se le asignaba una misión especial para cumplir. La palabra *apóstol* proviene del griego. El término *apostello*, que significa "ser enviado con una tarea", se usaba para referirse a una escuadra naval enviada con una misión, o para un embajador mandado por el gobierno. El apóstol era alguien enviado para una tarea. Ahora bien, ¿cómo podemos implementar este concepto a nuestra vida? Somos enviados a cumplir sueños grandes. Ser apóstol significaba: "Tengo un sueño y soy un enviado para cosas grandes".

En una ocasión, el doctor Juan Carlos Kusnetzoff, conocido médico psiquiatra, llevó a arreglar el auto y le cobraron cierto importe. Y Juan Carlos le preguntó al mecánico: "¿Usted sabe qué está haciendo por mí?". "Sí, le voy a arreglar la bujía que se rompió". "No, yo soy médico y usted me arregla el auto para que cuando me llame alguien que me necesita, yo pueda ir a verlo. Usted me está ayudando a salvar a alguien". Entonces el mecánico se puso a llorar y le dijo: "Y pensé que arreglaba autos nada más...".

Esa es la mente apostólica. Si vos sos mecánico, no estás arreglando autos, estás ayudando a que una mamá o un papá lleve a sus hijos al colegio, para que aprendan y sean personas buenas y educadas; o a que una pareja vaya a divertirse. Como ese hombre que estaba pegando ladrillos y le preguntaron: "¿Qué está haciendo?". "Pegando ladrillos". Y al de al lado le preguntaron lo mismo y respondió: "Yo estoy construyendo una catedral". Estaba poniendo ladrillos pero él pensaba que estaba ayudando a construir una catedral. Esa es la mente apostólica. La mente apostólica dice: "Yo tengo una misión grandiosa que estoy a punto de descubrir".

El apóstol es el que ve más allá. En su libro *Cómo liberar el poder de Dios en tu vida*,[3] Juan Cobos cuenta una historia muy ilustrativa, que vale la pena citar.

---

3. Juan Cobos, *Cómo liberar el poder de Dios en tu vida*, Logos impresores, México, 2010.

Había tres electricistas en la NASA *que estaban trabajando en la nave Apolo cuando un reportero preguntó qué estaban haciendo. El primero dijo: "Estoy insertando transmisores". El segundo dijo: "Estoy soldando alambres". Y el tercero dijo: "Estoy poniendo un hombre en la Luna".*

Eso es un apóstol. Esa es la mentalidad apostólica, la que piensa: "Tengo una misión grande y lo que estoy haciendo es importante".

3. LO QUE TODOS NECESITAMOS: AMOR

El amor es la búsqueda que nos anima a todos y está detrás de todo lo que hacemos.

Entonces, cuando te enfrentes a un dolor o un problema terrible, cuando asistas a tanta pelea y tanto odio, a tantas banderas de todos los colores —todas las grietas que conocemos—, recordá que necesitamos que se levanten no solo los apóstoles enviados a una tarea, sino además personas que sepan escuchar.

> Soy un apóstol
> **porque tengo un sueño.**
> Soy un medicamento
> **porque curo.**

4. Vamos al ejercicio: "Escuchar y repetir"

En esta semana, escuchá a alguien.

Preguntale cosas, y a medida que vaya compartiendo con vos lo que le pasa, repetile con tus palabras lo que te ha dicho.

Por ejemplo, si una amiga te dice: "Esta semana llevé a mis hijos al colegio porque uno se enfermó y falté al trabajo, estuve muy triste y sobrecargada de cosas", podés devolver esa escucha diciendo: "Claro, esta semana estuviste sobrecargada, con muchas cosas, es difícil cuando un hijo está enfermo".

Escuchar y repetir con nuestras palabras lo que el otro nos ha dicho es un motivador para seguir pensando. Es validar al otro y, de esa manera, ayudarlo a que siga pensando en cómo resolver su problema.

Te propongo hacer este ejercicio durante una semana. Cada día dedícate a una persona distinta. Tomate unos minutos solo para escuchar y repetir con tus palabras lo que te ha dicho.

10

DAR Y RECIBIR
DE MANERA EQUILIBRADA

1. LA GENEROSIDAD BIEN ENTENDIDA

¿Sos una persona que da? ¿O te sentís más cómodo recibiendo? Sabé que el que da es más grande que el que recibe porque el dador es alguien que tiene.

¿De qué manera debería ser nuestro dar?

Te invito a pensar algunas ideas al respecto:

- *Cuando damos, deberíamos hacerlo simplemente por el placer de dar.* Dar por necesidad, porque uno siente pena por el otro, o para expiar alguna culpa, solo nos conduce a crear vínculos dependientes.

  ¿Alguna vez te ocurrió regalarle algo a alguien y que esa persona ni siquiera te diera las gracias? Si damos esperando que nos agradezcan, nos resentiremos o nos frustraremos. Muchos dan a otros y esperan recibir algo a cambio. Cuando eso sucede, se produce una deuda que no es afectiva sino social. La respuesta de quien recibe dependerá de su interpretación de esa acción y de si cree que le debe algo a la persona o no. Quien da de este modo suele decir: "Y pensar que yo te parí" (una madre a su hijo); o: "Yo que me esfuerzo tanto para mantenerlos y ustedes me pagan así" (un padre a su familia). Si damos y esperamos una retribución, haríamos bien en dejar bien clara esa expectativa. En una relación de pareja, para evitar problemas, lo mejor es explicitarlo desde el comienzo: "Yo te doy pero espero que me des algo a cambio". De no hacerlo, la persona acabará sintiendo una gran frustración. Por el contrario, cuando damos generosamente, solo por el placer de dar y sin esperar nada a cambio, no nos importa si hay un "gracias" o no. Dar de ese modo es una cualidad humana que brinda una sensación de satisfacción al dador.

• *Cuando damos, deberíamos haber disfrutado primero de lo que compartimos con otro.* Nadie puede dar lo que no tiene. Disfrutar de todo lo bueno que llega a nuestra vida nos impulsa a "envolver" aquello que compartimos con los demás con la alegría de haberlo disfrutado.

• *Cuando damos, deberíamos dar específicamente lo que el otro necesita.* Es una acción muy loable dar al que lo necesita, pero necesitamos fijar ciertos límites y saber qué nos corresponde hacer y qué no. Ayudar no significa hacernos cargo de las dificultades de los demás. Muchas veces, cuando damos más de lo que alguien necesita, esa persona no reconoce nuestra ayuda, lo cual nos conduce a la frustración.

En cambio, cuando damos lo que el otro necesita, esa persona lo valora y lo disfruta verdaderamente. Aquel que ayuda como quiere, en el fondo, no tiene la intención de ayudar sino de hacer lo que le agrada o mostrar su generosidad ante el mundo.

- *Aquel que da en abundancia.* Esta persona es movida por su omnipotencia y tiene la creencia de que es capaz de todo. En realidad, posee una actitud de generosidad que no es sincera y su comportamiento puede deberse a que se siente culpable, a un deseo de ser aceptado por los demás o a un sentimiento de inseguridad.

- *Cuando damos, deberíamos ser conscientes de que la semilla que sembramos tiene un alcance ilimitado.* Todos, en algún momento, hemos ayudado a alguien a quien volvemos a encontrar con los años y nos cuenta que, gracias a esa ayuda, logró avanzar en la vida. Tal acción siempre brinda satisfacción interna al dador.

- *Cuando damos sin que nadie nos lo haya pedido.* Quien hace esto cree, a nivel inconsciente, que él o ella es la autoridad y decide qué y a quién darle algo. Es una persona manipuladora que, a través del acto de dar, ejerce el control sobre los demás. Además no es alguien muy empático, lo cual significa que no sabe ponerse en el lugar del otro, por lo que él o ella da lo que quiere y nunca lo que el otro precisa o le gustaría recibir.

2. PEDIR: UN APRENDIZAJE NECESARIO

Todo el que da también necesita aprender a pedir. No pedir es una conducta adolescente que demuestra omnipotencia. Algunas personas no saben pedir lo que necesitan o desean, ya sea que las amen, que les den un aumento, que las ayuden o que les enseñen. Se excusan en que les da vergüenza o no quieren molestar, pero detrás de todo eso se esconde el sentimiento de que todo lo pueden. Aunque parezca una paradoja, aquel al que le cuesta mucho pedirle algo a otra persona porque la ve como poderosa, es muy probable que, inconscientemente, se sienta mucho más importante que ella y no le pida para demostrar su superioridad.

En un extremo tenemos a aquellos que viven pidiendo porque tienen la creencia de que no son capaces de generar lo que necesitan o lo que otros pueden necesitar. Hay gente que solo pide: "Vos me tenés que ayudar... vos me tenés que dar esto... dame, dame, dame". ¿Qué le pasa a esa persona? Cree que el mundo le debe y va por la vida con el chip "A mí, el mundo me debe". ¿Por qué? Porque no tuvo cariño, no tuvo estímulo, no tuvo abrazo. Le faltó algo de mamá y de papá. Y como le faltó eso de sus padres, ahora pide en todo momento y en todo lugar: "Vos me tenés que atender, vos me tenés que ayudar, vos me tenés que dar, es tu deber". Son los demandantes que viven exigiéndoles a los demás, como si les debiesen algo. Porque partieron del supuesto de que el mundo les debe. ¿Qué le pasa al que pide? Nunca lo puede disfrutar porque parte de la idea de que el mundo está en deuda con él. Entonces esa persona es un saco roto: pide, pide y pide pero nunca le alcanza porque, en realidad, lo que está pidiendo es un poco de cariño de mamá y de papá.

Y en el otro extremo están aquellos que nunca piden porque se creen omnipotentes. Es el que siempre da, da y da. ¿Qué le pasa al que da y da? Se agota, porque si uno solamente da y no recibe, al final termina vacío. "¿Yo para qué me mato?", se pregunta.

¿Por qué hay gente a la que le encanta dar? Para ser reconocida. Es el síndrome del bombero y de la enfermera: "Yo te ayudo, yo te salvo, yo te doy". En el fondo, lo que la persona está diciendo es: "Mírenme, acá estoy yo". Por eso es necesario un balance entre dar y recibir porque:

Si aprendo a dar y a recibir, voy a tener aumento.

¿Cómo vamos a tener aumento?
Si damos y recibimos. Dar y recibir.

3. TENGO QUE APRENDER A DAR

Cuando vos abrís la llave del calentador, sale agua y se abre la válvula que recibe agua. Si vos das, recibís. Y si recibís, es para dar. Abrís una válvula y se abre la otra válvula. No se trata de vivir dando, ni tampoco de vivir recibiendo, sino de que exista un equilibrio entre dar y recibir. Porque si solo recibís, solo pedís, es porque te falta cariño de mamá y de papá. Y si solo das, en realidad estás buscando que te aplaudan y te reconozcan. Pero cuando hay un equilibrio entre dar y recibir, te estás moviendo correctamente. Nosotros tenemos que aprender a dar, porque cada vez que damos, recibimos.

No lo hagas para otros. Si yo le doy a él y espero que él me reconozca, me felicite, me nombre, me ayude, me voy a frustrar. ¿Por qué? Porque tal vez él me dé, o tal vez no.

4. TENGO QUE APRENDER A RECIBIR

Tenés que ser una máquina de recibir. ¿Por qué? Porque si no recibís, no podrás dar. Y además, tenemos que disfrutar cuando recibimos. Tenemos que darnos permiso para recibir. Porque, si no hay balance entre dar y recibir, no habrá aumento. Si no aprendés a recibir, entonces no vas a poder dar, porque si solo das te vas a secar.

Pero cuando aprendés a dar sin esperar nada a cambio y también a recibir —y te das permiso para disfrutar—, viene el aumento. Tenemos que aprender a recibir, ya sea que se trate de cinco pesos o de cinco millones. En lo grande y en lo pequeño. Hay que disfrutar absolutamente todo. Desde un "te quiero" o un abrazo, hasta un pasaje de avión que te regalen. Sea grande o sea chico, lo vamos a disfrutar.

Cuanto más quieras dar, más tenés que recibir.

Sufrimos cuando nos preocupamos por alguien más de lo que esa persona se preocupa. No deberíamos "remar" más de lo que reman los demás. A veces ocurre que alguien nos cuenta que no tiene trabajo y nos quedamos toda la noche preocupados; sin embargo, ¡esa persona no hace nada para cambiar su situación!

Veamos un ejemplo: en una pareja, ella trabaja para que él pueda terminar una carrera universitaria. Durante un largo tiempo, un miembro da y el otro recibe. ¿Qué pasa con esta forma de funcionar? Aquel que da reprime enojo en su interior y piensa: "Yo hago todo por él y nadie hace nada por mí". Aquel que recibe reprime culpa en su interior porque siente que no es capaz de cancelar la deuda. En el fondo, son dos solitarios que formaron pareja. Tienen una dinámica equilibrada…, hasta que llega el momento en el que quien recibe decide terminar la relación. Esto ocurre porque ambos están saturados y la pareja termina por resentirse hasta que se deshace. En este caso, ella dirá: "Le di mis mejores años y así me lo retribuyó".

5. Vamos al ejercicio: "Dar y recibir de manera equilibrada"

Pensá a qué persona de tu círculo afectivo le estás dando demasiado. Anotá aquí abajo su nombre:

....
....
....

Proponete pedirle algo:

....
....
....

Aquí abajo anotá alguien a quien le estás pidiendo demasiado:

....
....
....

Proponete dar algo:

....
....
....

Hacé este ejercicio durante una semana, pensando cada día en el balance entre el dar y el recibir con algunas de las personas que interactuás.

Mantené un balance entre el dar y el pedir. Más allá del resultado, es un ejercicio que hacemos para salir del constante dar y del constante pedir.

Pensá también a quién le estás dando sin pedir y a quién le estás pidiendo sin dar y procurá mantener un equilibrio en ese vínculo.

11

UN PEQUEÑO CAMBIO

1. ¿QUÉ PASARÍA SI CAMBIARA ALGO?

Para hacer una jugada que nos dé el éxito, solamente se requiere un pequeño cambio. Menos muchas veces es más. La vida es transformación permanente, todo está en constante mutación y nada permanece igual eternamente. Si pensás que no es así, dedicá unos minutos a observar la naturaleza.

Los seres humanos necesitamos aprender a gestionar los cambios sanamente para beneficiarnos al máximo. Una pequeña modificación, por lo general, trae detrás de sí una catarata de transformaciones. Podríamos compararlo con una ficha de dominó que cae y empuja otras que están detrás en fila.

Así como existen los "círculos negativos", existen también los "círculos virtuosos", que comienzan con un pequeño cambio. Algo pequeño posee la capacidad de convertirse en algo grande. Los círculos virtuosos empiezan siempre con un cambio que pasa inadvertido. Un cambio insignificante puede mejorar la atmósfera de un grupo y provocar un mayor rendimiento. Por ejemplo, un equipo de fútbol de once jugadores motivados en la cancha equivale a veintidós; mientras que once jugadores desmotivados, en ocasiones, ¡parecerían menos de la mitad! Para realizar una buena jugada, tanto en el deporte como en la vida, solo es necesario introducir un cambio.

Lo mínimo siempre es lo máximo.

A veces se acumulan en nuestra vida detalles insignificantes que terminan por provocar problemas serios. Esto es así porque la cantidad transforma la calidad. Lo cierto es que toda la vida se compone de cambios. Todo cambia, ya sea que lo deseemos o no, y lo que hoy es de una manera, mañana será de otra muy diferente. Por eso necesitamos aprender a gestionar mejor los cambios. En ciertos ámbitos, en especial en grupos de trabajo, hay que perseverar hasta que la curva se rompe y el cambio se incorpora. Si se cede antes, el cambio no ingresa en la cultura de ese lugar.

La perseverancia es un elemento fundamental a la hora de internalizar el cambio. Los hábitos que tenemos, y que muchas veces no son los mejores, son precisamente resistencias a la transformación. Si en una oficina se pretende cambiar el sello rojo que usaron durante años por un sello azul, seguramente al principio los empleados dirán que están de acuerdo pero luego se quejarán (porque en realidad les disgusta). Si siguen insistiendo y demostrando los beneficios del cambio, finalmente terminarán incorporando el sello nuevo. Por eso es tan importante la habilidad para gestionar el cambio, tanto en las organizaciones como en la vida personal.

2. ¿Cómo se forma la resistencia al cambio?

Muchas personas se resisten al cambio. Quizá porque siguen paradigmas muy rígidos. Este tipo de estructura de pensamiento se edifica a lo largo de los años, a través de diversos razonamientos, argumentos y experiencias. Los esquemas rígidos postulan que el mundo es de cierta forma y así seguirá siempre. Cada persona ve la realidad según su propio paradigma, y si este está muy arraigado, salir de la zona de confort es cada vez más difícil, por la carga de ansiedad que acarrearía.

> **Toda expansión siempre cambia la estructura.**

Cuando alguien se opone instantáneamente a una propuesta o pedido de cambio, se debe a dos razones:

- Siente temor a los cambios porque es una persona muy conservadora y le rehúye a la innovación.
- Sus expectativas están en otro lado. Es decir, no tiene motivación más allá de lo que hace. Como resultado, evita el compromiso y la exigencia.

Lo mejor es fluir con el cambio, aceptar las cosas como son —aunque nunca vuelvan a ser como antes—, sin aferrarnos al pasado y avanzar, generando así un nuevo escenario.

3. Atravesando la crisis con éxito

Todas las personas, sin excepción, sufrimos alguna crisis en algún momento de nuestra vida. Toda crisis implica un cambio y nos empuja a administrarlo, aun cuando sintamos que no podemos hacerlo. El gran desafío es aprender a manejar el cambio en medio de una crisis. En estos casos es útil recordar que toda crisis, por dura que sea, siempre nos permite crecer. Pero para que no nos dañe innecesariamente, necesitamos aprender a administrar los cambios. Resistirnos solo nos vuelve incapaces para gestionarlos.

Te invito a analizar algunos conceptos que pueden ayudarnos a administrar los cambios:

- Estemos dispuestos a aceptar que lo que hoy es no volverá a ser como era ayer.
- Consideremos la crisis como una ocasión de crecimiento, en lugar de tenerle miedo.
- Procuremos crear una nueva escena, ya sea que se trate de la familia, el trabajo, la pareja, la amistad, etcétera.
- Solamente cuando soltamos los viejos paradigmas logramos avanzar en la vida. De nada sirve aferrarse al pasado.
- Esforzarnos por mantener una situación como era en el pasado hace que la crisis se extienda en el tiempo.

¿Cómo es posible experimentar una crisis con éxito? Enfocándonos en el futuro y aprendiendo a funcionar de manera diferente. El cambio que llevamos a cabo en primer lugar es siempre el más duro, pero los que le siguen suelen resultar mucho más fáciles.

¿Cuál es tu relación con los cambios?

En la mayoría de nosotros, aun cuando no nos demos cuenta, hay alguna grieta que nos conduce a una crisis en la relación con los demás. Esto es algo que no podemos evitar. Por eso es fundamental hacer el esfuerzo por resolver tanto las cuestiones pequeñas como las cuestiones importantes.

Si no lo hacemos y dejamos que la grieta se profundice, esta podría transformarse en una rajadura que nos aleje del cambio cada vez más.

A veces pensamos que los "problemas graves" son "difíciles" de solucionar. Sin embargo, no siempre es así. A veces un problema grave tiene una solución sencilla y uno simple puede requerir una solución compleja.

4. VAMOS AL EJERCICIO: "UN PEQUEÑO CAMBIO"

Pensá en alguna área de tu vida, social, afectiva, intelectual, etcétera, y proponete realizar un pequeño cambio. Algo muy pequeño totalmente distinto de lo que venís haciendo. ¿Cuál sería?

Anotalo aquí abajo:

. . . .
. . . .
. . . .
. . . .
. . . .
. . . .
. . . .

Comenzá hoy mismo y nunca subestimemos ese pequeño cambio que es como una bolita de nieve pero trae una catarata de transformaciones positivas.

12

VER LAS COSAS
DESDE OTRA PERSPECTIVA

1. Y SI CAMBIO DE LUGAR, ¿QUÉ PASARÍA?

Los estudios sobre resiliencia han provocado una transformación radical en el campo del desarrollo humano, sobre todo en la forma de ver y enfrentar el dolor y el sufrimiento. Esta visión es hoy mucho más optimista y esperanzadora que en el pasado. La resiliencia plantea aún muchas preguntas con respecto a las experiencias de tantas personas que, después de haber atravesado circunstancias adversas, se han sobrepuesto y han sido capaces de continuar exitosamente con su vida. Bien dijo el antiguo filósofo Epicteto: "No son las cosas que nos pasan las que nos hacen sufrir sino lo que nos decimos sobre estas cosas".

> Necesitamos aprender a ver las cosas desde otro punto de vista.

Justamente lo que hace que una circunstancia determinada se convierta en un problema radica en cómo construimos el enunciado, es decir, desde qué punto de vista lo hacemos. Nuestra mirada va a definir el valor que le demos. Por ejemplo, entre dos personas que pierden el trabajo, una se deprimirá y la otra pensará en el futuro. ¿A qué se debe esta diferencia? El cambio en la percepción de la situación es la clave.

Veamos un ejercicio para hacer en pareja y que puede ser muy útil para ejemplificar este tema. Los miembros de la pareja se sientan uno enfrente del otro. Entre ellos habrá un libro abierto por la mitad. Él quedará frente al interior del libro abierto, mientras que ella va a ver la tapa. Cada uno debe decir lo que ve. Uno verá el color y las letras grandes de la cubierta, mientras que el otro verá pequeñas letras sin ningún color. Luego cada uno podrá debatir acerca de lo que vio.

Este sencillo ejercicio sirve para demostrar que la percepción depende de dónde uno se posicione para ver.

Otro ejemplo: un señor, que vive en el piso 22 de un edificio de departamentos, toma el ascensor y baja hasta el vestíbulo. Al regreso no sube hasta el piso 22 nuevamente. ¿Por qué? Algunas respuestas posibles:

- Tiene un amigo enfermo en el segundo piso a quien visita todas las noches antes de ir a su casa.
- Vive en un departamento en dúplex que ocupa los dos pisos.
- Es un bebedor habitual que llega a casa tarde a la noche. No quiere despertar a su esposa con el sonido de las puertas del ascensor, entonces baja en el piso 21 y sube hasta el 22 por las escaleras.
- Está siguiendo un programa de ejercicios que le requiere subir un mínimo específico de tramos de escalera cada día.

- Hay un restaurante en el piso 19 y se detiene allí todas las noches.
- En el pasado, el ascensor tuvo un incidente entre los pisos 21 y 22. Para evitar esto, se baja en el 20 y sube a pie hasta el 22.
- Su mujer trabaja para una familia en el piso 19 y todas las noches pasa a buscarla para regresar juntos a su hogar.

Este ejemplo sirve para apreciar las múltiples lecturas que se pueden hacer de un mismo hecho. Como observamos, todo depende de la flexibilidad del pensamiento. Cuanto más rígida sea una persona, más difícil le resultará ver nuevas alternativas a sus problemas.

2. CADA DÍA UNA NUEVA OPORTUNIDAD

En la vida nos suceden cosas buenas y hermosas, pero también difíciles. ¿Cuántas tensiones tenemos que soportar a lo largo del tiempo? ¡Muchas! Y eso es algo que nos iguala a todos, a pesar de que una de las particularidades de las situaciones adversas es que creemos que somos los únicos que las sufren. En esos casos se hace difícil pararse en otro lugar para tener una perspectiva diferente.

Todas nuestras vivencias, incluso las situaciones más duras, pueden resultar en nuestro beneficio. ¿Qué quiere decir esto? Que no todo lo que pasa es positivo, como somos testigos cada día; pero todo junto puede resultarnos útil para convertirnos en mejores seres humanos y crecer. Es en medio de las peores circunstancias, en ocasiones, que somos capaces de darnos cuenta de que tenemos fortalezas y habilidades internas que desconocíamos… hasta entonces. Situaciones como quedarnos sin trabajo, separarnos de nuestra pareja, o algo tan terrible como una guerra, nos impulsan a soltar lo mejor de nosotros para mantenernos vivos y seguir adelante.

"¿Podemos extraer algo positivo de algo negativo?", quizá te preguntes.

Sí, porque esa circunstancia aparentemente mala puede hacer que te conozcas a vos mismo, que descubras una cualidad que hasta ese momento no creías tener o sanar un aspecto tuyo que lo necesita para, en el futuro, actuar de modo diferente.

3. EL LIBRO DE TU VIDA

Te invito a pensar en tu vida como si fuera un libro inconcluso. Siempre estás a tiempo de reescribir un capítulo que no te agrada o de escribir uno totalmente nuevo. Pero para eso es necesario incluir el material completo de tus vivencias, mezclando algunos ingredientes y agregando otros nuevos. Esta es una tarea que puede durar hasta el final de tus días.

No todas las cosas son buenas pero todas ayudan a bien. Hay muchas piezas en un automóvil, entre setenta mil y noventa mil. Si yo agarro un tornillito, ¿muevo el auto? No. ¿Y si agarro el de al lado? No. ¿Y si agarro cuatro tornillitos? No. ¿Y si agarro toda la parte de abajo? No. No muevo el auto así. ¿Por qué? Porque todas las cosas juntas ayudan a bien. Las cosas no son buenas en sí mismas, pero, si estás dispuesto a disponerlas o conectarlas con otras, todas juntas van a hacer que te muevas hacia lo mejor. Lo malo no te hunde, se conecta con algo bueno y se transforma en una fuerza para seguir caminando.

Estas son algunas imágenes que me gusta usar con la gente:

- *Sos como un tapiz.* De un lado se ve hermoso, pero del otro lado está feo. Tal vez hoy estés viendo todo lo feo en tu vida, pero cuando puedas pararte desde otra perspectiva, verás el reverso y el largo camino que atravesaste para superarlo.

- *Sos como una perla.* Dicen que cuando entra una piedrita en la ostra, esta genera un líquido para expulsarla y eso termina por convertirse en una perla. Ante todo lo que te persigue y te daña, vas a soltar todas tus capacidades y eso se va a transformar en tu plataforma de logros y batallas ganadas. Si te está yendo mal, respirá profundo, las piezas se están uniendo y pronto el coche va a arrancar.

Cuando te robaron, fuiste una víctima, pero ser víctima es sufrir un dolor no merecido ni deseado, no victimizarse. Fuiste víctima pero, cuando seguiste adelante ayudando a los demás, te transformaste en un sobreviviente. Cuando abusaron y manipularon tu vida, fuiste una víctima, pero seguiste adelante soñando y esperando cosas grandes. Así te transformaste en un sobreviviente.

Siempre tenemos la oportunidad de volver a escribir nuestra historia. Nunca es demasiado tarde. Solamente necesitamos un cambio de perspectiva, o de visión, que tiene origen dentro de nosotros, sin importar lo que suceda externamente. Poné los ojos en tus logros después de la tormenta y seguí hacia adelante. Porque largo camino te queda por recorrer.

4. Tomar distancia para ver mejor

Alguien dijo: "Si solamente miramos el *árbol, no podremos* ver el bosque". Esto significa que, cuando nos enfocamos en una única cosa, nos perdemos todo lo que hay a su alrededor. Pero si recurrimos, por ejemplo, a la aplicación de Google Earth, nuestra perspectiva se modifica y se amplía. Las distintas situaciones cambian según nuestra mirada. Al observar un rascacielos desde abajo, lo veremos gigante; pero si lo observamos desde un avión, nos parecerá pequeño. Cuando algo malo nos pasa, lo mejor es tomar distancia para considerar la situación desde otro punto de vista.

¿Cómo podemos tomar distancia?

Básicamente de tres maneras:

• *Con humor*
El humor es un ingrediente fundamental que nos brinda la posibilidad de ver una situación difícil a la distancia y descomprimirla. Incluso, cuando tenemos dolor emocional, podemos recurrir a esta herramienta que congela nuestras emociones y nos ayuda a atraer a otras personas a nuestra vida. Todos se sienten atraídos hacia alguien que ríe, aunque esté atravesando una crisis.

• *Considerando lo que sucede dentro de nosotros*
La mayoría no nos detenemos a considerar nuestros pensamientos como algo externo a nosotros. Es decir, ver qué sucede en nuestro interior como si fuésemos espectadores de una película o una obra de teatro. Esta es otra forma eficaz de alejarnos de una situación. En ocasiones

estamos demasiado involucrados en nuestro "diálogo interior", en especial cuando es negativo.

Seguramente esta clase de ejercicios puede hacer que una persona logre distanciarse cuando así lo precise:

Repetí en alta voz estas frases que te propongo a continuación y prestale atención a lo que sentís al hacerlo:

Soy un inútil. Soy un ansioso.

Los pensamientos son "fijados" en nuestro cuerpo a nivel emocional. Por ese motivo, después nos sentimos de esa forma.

En la segunda parte del ejercicio hay que repetir (también en voz alta):

Estoy teniendo el pensamiento de que soy inútil.
Estoy teniendo el pensamiento de que soy ansioso.

Con toda probabilidad, esta vez las palabras ya no nos impacten tanto.

La técnica que propone este ejercicio se conoce como "reencuadre". Consiste en percibir una situación desde distintas perspectivas. Cuando enfrentamos un problema, siempre es bueno tener un pensamiento amplificado. Esto significa que debemos intentar ver el conflicto desde un ángulo o perspectiva diferente, a fin de analizar todas las posibles soluciones. Esta estrategia nos permitirá comparar y elegir la mejor alternativa. Por ejemplo, frente a un problema de salud, usualmente consultamos a un médico general —que sabe poco de muchos temas—. Si el profesional encuentra que tenemos una dolencia que merece una mirada específica, nos deriva al especialista correspondiente —que sabe mucho de pocos temas—. En definitiva, la técnica de reencuadre consiste en hacer primero un enfoque global de la situación, para luego buscar específicamente la mejor solución.

Vos no sos tus pensamientos. Para darte cuenta de ello, debés tomar distancia; si no lo hacés, permanecés atascado en tu mente.

• *Separando a la persona de la herramienta*
Cuando una persona adquiere fama, dinero o poder, muchas veces acaba por llenarse de orgullo. Por eso es importante comprender que estas cosas no son más que herramientas que, si se emplean de manera correcta, nos hacen la vida un poco más fácil. Algunos llegan a creerse uno con sus posesiones o logros y, cuando los pierden, se deprimen profundamente.

Tenemos que separar a las personas de las herramientas. En otras palabras: el "ser" del "hacer". Gran parte de lo que vemos en la gente que nos rodea y consideramos real es solo un personaje, no la persona. Esta separación nos permite ser conscientes de que, si perdemos algo que poseemos, podemos recuperarlo. No somos lo que tenemos ni somos lo que hacemos.

Es solo cuestión de cambiar la perspectiva.

5. VAMOS AL EJERCICIO: "VER LAS COSAS DESDE OTRA PERSPECTIVA"

Anotá debajo un problema que tengas:

. . . .
. . . .
. . . .
. . . .

¿Desde qué otra perspectiva lo podrías ver? ¿Desde qué otro lugar?

. . . .
. . . .
. . . .
. . . .
. . . .

Uno puede verse como obsesivo o como detallista. Puede ver a alguien a partir del sufrimiento que padeció en la vida o leer en ese sufrimiento la fortaleza que tuvo para soportarlo. Puede ver rigidez en una persona, o leer allí firmeza y convicciones. Entonces, pensá en un problema que tenés:

¿Desde que otro lugar podés pararte a observarlo?

. . . .
. . . .

Si el problema fuese un animal, ¿qué animal sería?

. . . .
. . . .

Si fuese una cosa, ¿qué cosa sería y por qué?

. . . .
. . . .

Pensarlo desde otra perspectiva, desde un pensamiento creativo, nos permite posicionarnos en otro lugar y pensar soluciones distintas.

13

ANOTAR FRASES Y LEERLAS DURANTE TODO EL DÍA

1. PALABRA Y ACCIÓN

Las palabras que salen de nuestra boca tienen el poder de construir o derribar personas y situaciones. Muchas veces decimos que sí cuando en el fondo queremos decir que no. Necesitamos aprender a decir que no toda vez que sea necesario.

¿Qué esconde ese "sí" forzado en lugar del "no" deseado? Oculta el temor a ser rechazado por los demás.

Es importante verbalizar lo que uno en verdad desea decir porque un no a tiempo podría ser la diferencia entre la salud y la enfermedad, o entre el bienestar emocional y el desequilibrio emocional. ¿Por qué motivo nos cuesta decir lo que en realidad sentimos? Casi siempre, porque somos incapaces de reconocer nuestras prioridades y objetivos en la vida.

¿Tus decisiones concuerdan con aquello que soñás lograr? ¿Y tus palabras? ¿Expresás tus verdaderos deseos o hablás para llenar espacios vacíos? Las palabras, aunque no seamos conscientes de ello, son poderosas. La lengua podría compararse con el timón de un barco, porque nuestra vida se mueve en la dirección de lo que decimos.

Por esa razón es fundamental desarrollar el hábito de bendecir. Bendecir no es un término religioso, como muchos piensan, sino que significa "decir bien". Nuestras palabras le dan forma a nuestro mañana. Si anhelamos disfrutar de un futuro mejor, nos urge declarar cosas que tengan que ver con aceptación, inspiración, abundancia, tolerancia, etcétera. Con las palabras podemos transformar cualquier circunstancia, para bien o para mal.

Estas son algunas de las funciones de las palabras:

- Están presentes en toda relación interpersonal.
- Establecen el poder y el control de nuestra propia vida.
- Dejan al descubierto nuestra manera de ser, lo cual incluye nuestros intereses y nuestras elecciones.
- Expresadas con sabiduría, pueden ahorrarnos muchos dolores de cabeza.
- Expresadas en el tiempo y lugar adecuados, pueden traer una solución a cualquier problema.

En vista de lo anterior, siempre deberíamos escoger bien con quién hablar y a quién escuchar. Tal actitud es una forma de tomar las riendas de nuestra vida para convertirnos en gente responsable y confiable. Todos hemos dicho u oído alguna vez la frase: "Es una persona de palabra". Este rasgo hace que atraigamos personas, oportunidades y situaciones correctas a nuestra vida.

2. ¿QUÉ TE DECÍS A VOS MISMO?

Lo que verbalizamos surge de lo que pensamos. Por eso, para mejorar nuestras palabras y que estas construyan buenos escenarios en nuestra vida, necesitamos revisar lo que nos decidimos a nosotros mismos; es decir, analizar nuestros pensamientos. Jamás deberíamos permitir que estos nos arrastren a decir lo que no queremos.

Un ejercicio muy recomendable para hacernos conscientes de nuestras palabras es cultivar el hábito de anotar frases que nos inspiren, que eleven nuestros pensamientos y las emociones derivadas de ellos, y leerlas todo el día. Una vez que las aprendemos y las incorporamos, podemos repetirlas a cada momento y agregar nuevas. En lugar de tener pensamientos —sentirlos y verbalizarlos— de crítica, queja, mentira, calumnia y todo aquello que nos lastima y lastima a otros, elijamos pensamientos de bien.

Un maravilloso consejo para estos tiempos donde nos abruman los pensamientos de fracaso, de estrés, de sentir que uno no va a poder con todo. Detenernos a cuestionar nuestras creencias es un acto sincero de nuestra parte que trae muy buenos resultados. Podemos hacerlo solos o acudir a un consejero, un *coach*, alguien idóneo que nos ayude a hacerlo.

A manera de ejemplo, comparto una experiencia profesional.[4]

Santiago es un muchacho que vive quejándose. En realidad, vive sin presente ya que el pasado ocupa todo su tiempo. Se lamenta por su infancia, sus padres y el nivel económico. Todo el tiempo habla de su pasado como si

---

4. En todos los casos que se detallan en este libro y que se refieren a técnicas o ejercicios, los nombres que aparecen son ficticios.

quisiese meterse en el túnel del tiempo y cambiar todo. Así lo cuenta y, cuando ve que no puede cambiar su pasado, se angustia y vuelve a quejarse. Al final de la entrevista, se le entrega un papel con el siguiente texto:

Cuando logre perdonarme a mí mismo
lograré cerrar las compuertas del pasado.

Santiago lo leyó, y muy asombrado empezó a hacer preguntas: "¿Pero cómo? ¿De qué manera? ¿Cuándo? ¿Para qué?". Se le dio la consigna de que leyera la frase tres veces al día y meditara en eso. A la semana siguiente conversaríamos sobre "sus meditaciones".

Es importante remarcar que debía hacer una reflexión a lo largo del día sobre el texto, lo que implica adoptar una postura reflexiva sobre sí mismo y sobre lo escrito. A su vez, eso lo aparta del concepto mágico del "dígame qué hago" y lo mete en "es importante qué hago yo por mí".

Muy sorprendido, Santiago regresó con total conciencia del maravilloso presente que se estaba perdiendo y de cómo, al cerrar el pasado, podía recién abrir el presente.

Los escritos no deben ser largos ni repetitivos. El mensaje debe ser puntual y concreto. Veamos otro ejemplo:

Lorena está casada y tiene tres hijos. Para ella la vida siempre ha sido dura y exigente. Sus hijos "no le permiten" ser mujer, su marido "le exige" más y más, sus padres enfermos le "demandan" cuidado y protección. Tantas obligaciones le habían provocado una depresión y un sentido de "deber" altamente improductivo en su vida. Al final de la entrevista, luego de tener un panorama bastante completo de sus "sufrimientos", se le entregó un papel con el siguiente texto:

Certifico que yo, Lorena, siempre fui una niña
obediente a todos los mandatos de los demás,
especialmente a los de mi familia.

Al leerlo, comenzó a llorar con angustia. Esto no debe asustar, sino ayudar a que ella pueda expresar todo lo que siente. Lorena debía leerlo tres veces por día y meditarlo. Al cabo de las semanas siguientes había dejado de "obedecer" a su familia. En el escrito ella aparecía como una niña "obediente".

La imagen no es agresiva, y a su vez es clara y fácil de entender: Lorena estaba comportándose como una niña buena; era hora de dejar de serlo y actuar como una mujer.

Otras personas están dominadas por la culpa, piensan en términos de malo/bueno, feo/lindo. Así le sucedía a Pablo. Cada cosa que le generaba placer o alegría la autoboicoteaba de manera inconsciente. Freud describió a estas personas como aquellas que "fracasan cuando triunfan". Analicemos el ejemplo más profundamente.

Pablo, médico, fue ascendido en su trabajo. Un día, al salir del hospital, se sintió deprimido sin saber por qué. Habló con su mujer de sus sueños y comenzó, sin saber por qué, a recriminarle, a enrostrarle, "como si buscara terminar con el momento más feliz de su vida". Sí, aunque parezca raro, hay personas a las que, cuando les va bien, se ponen mal, y esto lo conocemos como culpa.

El papel que se le entregó a Pablo decía:

Una vida dominada por la culpa
es una sentencia a cadena perpetua.

Actualmente somos testigos de muchísimo maltrato verbal en todos los estratos de la sociedad. Por lo general, la raíz de ese maltrato se encuentra en la infancia. Quien maltrata a otros con su boca recibió el mismo trato de chico. Es alguien que aprendió a hablarse negativamente a sí mismo y a hablarles de igual modo a otros. Las palabras duras, que causan un gran dolor emocional, tienen el objetivo de quebrar la estima de quien las escucha. Pero a pesar de que hayamos crecido escuchando frases negativas, siempre estamos a tiempo de revertirlo, de refutar, de meditar, de aprender a pensar sanamente. Las palabras negativas tienen poder sobre nosotros cuando creemos lo que nos dicen. Si te hablaron mal y no te valoraron en tus primeros años de vida, no busques eso afuera. Hoy mismo podés comenzar a automotivarte, es decir, a hablar bien de vos.

3. FRASES PARA ATESORAR

Anotá las mejores frases y repetilas hasta que se hagan carne en vos. Y más temprano que tarde, te verás levantando vuelo y logrando lo que aún no lograste, porque estarás fortalecido interiormente por palabras positivas que son caricias emocionales. Cuidá tus palabras, construí tu mejor vida.

No importa cómo piensen y hablen los demás, nosotros podemos decidir hablar bien de quienes nos rodean y, sobre todo, de nosotros mismos. Nuestras palabras son como llaves que abren o cierran puertas. Por medio de lo que decimos podemos cambiar odio por amor, inseguridad por seguridad, tristeza por alegría, derrota por éxito.

Las frases ayudan a pensar si las meditamos varias veces por día:

- "Hay hombres que trabajan como si fueran a vivir eternamente" (Demócrito).
- "Ayer yo era lo que tú eres hoy, mañana tú serás lo que ahora soy" (lápida en el Cementerio de Montparnasse).
- "Dos perros pueden matar a un león" (proverbio hebreo).
- "Que haya muerto es una prueba suficiente de que he vivido" (Stanislaw Jerzy Lec).
- "Era el que más sabía... pero el que menos entendía" (Domingo F. Sarmiento).
- "Quizá la más grande lección de la historia es que nadie aprendió las lecciones de la historia" (Aldous Huxley).

4. VAMOS AL EJERCICIO: "ANOTAR FRASES Y LEERLAS DURANTE TODO EL DÍA"

Te propongo que cada día busques una frase que te impacte y la medites a lo largo del día. Podés hacer esta frase a lo largo de toda la semana o una frase que vos mismo construyas a partir de lo sucedido.

. . . .
. . . .
. . . .
. . . .
. . . .
. . . .

14

UN DIARIO PERSONAL
DE VICTORIAS

1. EL PASADO COMO FUENTE DE APRENDIZAJE PARA EL PRESENTE

Un diario es un registro que se mantiene en el tiempo. Nos permite reflexionar sobre las circunstancias que atravesamos y, a través de la reflexión que promueve la escritura, valorarlas en su justa dimensión. Todos hemos vivido cosas positivas que más que un diario merecerían una distinción. Lo que quiero decir es que no deberíamos considerarlas como una simple línea en un diario que al otro día ya no sirve, porque es noticia vieja.

Por lo general, tendemos a concentrarnos en lo negativo; por ejemplo, si diez personas nos saludan pero una no lo hace, solemos fijarnos en la que no saludó. ¿Por qué? Porque nuestro cerebro registra los peligros a fin de advertirnos o protegernos de algo que podría resultar amenazante. Necesitamos aprender a llevar un registro, un diario, como si fuese un currículum de batallas ganadas. Esto fue precisamente lo que hizo David antes de enfrentar a Goliat: él se paró en sus logros del pasado y de ese modo tomó el valor que necesitaba para vencer al gigante.

Todos tenemos victorias y situaciones difíciles que hemos atravesado y superado. Las superamos con nuestros recursos, con la ayuda de los demás, con el pensamiento creativo, o sencillamente "respirando" un poco más que nuestro conflicto. También tenemos en nuestro haber situaciones duras en las que nos caímos, nos equivocamos y nos levantamos, aprendiendo del error y transformando ese error en experiencia y crecimiento.

En nuestro pasado tenemos recuerdos tristes y lindos. Cuando transformamos las situaciones dolorosas en experiencia y crecimiento, podemos aprender algo de eso; es decir, ese recuerdo es traído al presente cognitiva y racionalmente para tomar mejores decisiones. Paralelamente, traer los buenos recuerdos al presente nos permite revivir emocionalmente una situación placentera. Por ejemplo, yo puedo recordar que le presté dinero a alguien y no me lo devolvió, pero como aprendí a partir de ese error doloroso a tomar más recaudos y no prestar dinero, lo recuerdo como un aprendizaje. Y, a la vez, cuando rememoro el nacimiento de mi hija, revivo las mismas emociones. Por eso, nunca es tarde para tener una infancia feliz; podemos aprender hoy algo de un recuerdo triste del pasado.

2. ¿EN QUÉ CONSISTE UN DIARIO PERSONAL DE VICTORIAS?

Me gusta mucho la historia de David y Goliat, como citamos al comienzo del capítulo. La situación podría resumirse en una frase: el joven pastor frente al gigante de tres metros. Cuenta la historia que David recordó cuando un oso y un león le sacaban una oveja; él los "cascoteaba" para ahuyentarlos. Y entonces se dijo a sí mismo: "Si pude vencer al oso y al león, ¿cómo no voy a vencer a este gigante?".

David hizo un recuerdo de las victorias del pasado. Del mismo modo, nosotros necesitamos pararnos en nuestras fortalezas.

La siguiente metáfora puede ser un buen disparador:

Supongamos que estás escalando una montaña. Has ascendido 800 metros y te faltan 200 para la cima. Podés hacer tres cosas:
(1) mirar lo que te falta, los 200 metros, eso es perfeccionismo;
(2) mirar solamente lo que lograste, los 800 metros, eso se llama conformismo;
(3) mirar lo que lograste y lo que te falta. Todo escalador tiene que "hacer tienda" y mirar para atrás para motivarse, pero siempre desafiado por lo que le falta.

3. VAMOS AL EJERCICIO: "UN DIARIO PERSONAL DE VICTORIAS"

Te propongo anotar aquí abajo las cinco mejores victorias que hayas tenido a lo largo de tu vida. No importa el área en que las hayas obtenido, no importa cómo ni quién te ayudó, lo importante es que hayan sido tus osos y leones que lograste vencer.

1 . . . .

2 . . . .

3 . . . .

4 . . . .

5 . . . .

De estas cinco victorias, tomá una por día y meditala, recordala, cómo la viviste, cómo fue, cómo la atravesaste, porque cada una fue una situación difícil que transformaste en victoria.

Esa victoria es la que te motivará y estimulará a vencer el próximo desafío por delante.

15

SORPRENDER

1. ¿MANTENER O CRECER?

Para vivir nuestra vida al máximo, en plenitud, para que podamos exprimirla hasta el último segundo, debemos crecer continuamente. ¿Cómo lo logramos? En parte necesitamos apasionarnos cada día, ir por nuevos sueños, por nuevos proyectos, por todo aquello que nos sorprenda. Necesitamos buscar la sorpresa en nuestra vida. Si bien la rutina también es necesaria, hay momentos en los que, si solo nos quedamos en lo que hacemos todos los días, en lugar de crecer estaremos decreciendo.

Cuando uno arranca un proyecto, un trabajo, una pareja, etcétera, hace una y mil cosas porque tiene energía, ganas, voluntad, ánimo. Prueba con esto, va por acá, y empieza a crecer, crecer y crecer. Uno se enamora y compra regalos, envía mensajes cada hora, se encuentra, se sorprende. Uno comienza a trabajar en un equipo y llama a todos los integrantes, los motiva, los entusiasma, los sorprende con nuevos proyectos. Y crece, crece y crece.

Pero siempre, porque es una ley de la vida, nos instalamos en una meseta y comenzamos a mantener más o menos lo que tenemos. ¿Qué sucede? Entramos en la rutina y, después de la rutina, viene el aburrimiento. Y con el tiempo, lentamente, empezamos a decrecer y a perder.

Todo proceso de crecimiento tiene un inicio, una meseta y una declinación.

El líder de un equipo de trabajo que se mueve en piloto automático y no organiza entrevistas, ni emprende proyectos, no promueve incentivos ni desafíos, estará jugando a perder, porque lo que se mantiene termina por perderse.

Tenés que jugar a ganar, no a no perder.

Cuando vos jugás a retener y decís: "Esto es mío, esta es mi área, yo tengo esto", jugás a mantenerlo y a perder. Tu mentalidad tiene que ser "Juego a ganar".

Para que en la vida se cierren los capítulos viejos y comiencen a abrirse los nuevos, necesitamos sorprendernos cada día. El proactivo va por lo nuevo, el reactivo mantiene lo que tiene.

2. BUSCAR LO NUEVO

Si no buscás cosas nuevas, morís. En cambio, si lo hacés, no morirás jamás. Todos nacemos, crecemos, nos desarrollamos y morimos. Un grupo cualquiera de trabajo se une y la gente empieza a desplegar lo mejor de sí y a crecer. Hasta que llega un momento en el que alguien se muere. Si vos trabajás y tenés un cliente, seguramente lo llamás, lo visitás, lo ayudás y le das más y más. Pero llegará un momento en el que te aburrirás, porque tendrás más trabajo o porque pasará algo, y ya no le rendirás tanto a ese cliente. Entonces a ese cliente al que le diste treinta al principio, ahora le vas a dar veinte, y después le vas a dar cinco (el ciclo de la vida es nacer, crecer, desarrollarse y morir). Todos crecemos, llegamos a un desarrollo máximo (una meseta) y después nos morimos.

Nosotros vamos creciendo y desarrollándonos, pero hay un punto donde necesitamos buscar una idea nueva. Esa idea renovada es lo que nos permite seguir evolucionando. Una idea nueva, una sorpresa para implementar en el equipo, en el lugar de trabajo, en casa, con la pareja, con los hijos —desde redecorar el lugar, vender un producto nuevo o invitar al otro a realizar una actividad inusual—, puede revitalizarnos de manera sorprendente. Y quizá te preguntes: "¿Para qué tengo que hacer todo esto?". Simple. Para seguir creciendo, para quebrar la rutina diaria que nos acomoda a una vida sin sorpresas. Necesitamos hacer cosas nuevas. Si solo se mantiene la familia, el equipo, el trabajo o el negocio, todo mantenimiento que no crece termina decreciendo. Por eso, cuando estoy en la meseta, es ahí donde tengo que activar las ganas de hacer cosas nuevas. ¿Para qué? Para seguir creciendo.

Pero deseo sin esfuerzo es simple imaginación. Como ya mencionamos, siempre nuestro deseo permanece insatisfecho. ¿Por qué? Porque hoy deseamos esto y mañana vamos a ir por esto otro… y después, por algo más. El deseo nace con nosotros y muere con nosotros. Pero no desear nada y morirse es lo mismo. Por eso, uno tiene que aprender a generar ganas, deseo. Y luego esforzarse por hacer eso que desea. Actualmente vemos a muchos jóvenes (y no tan jóvenes) que no tienen ganas de nada. Pero si anhelamos crecer en la vida, debemos desarrollar nuestro deseo, porque este siempre nos impulsa a hacer cosas nuevas, a sorprender y sorprendernos, y nos lleva a más.

Quizá ese cliente al que atendés, al que llamás con regularidad, si no lo sorprendés en algún momento de la relación, con algo nuevo, terminará por buscar nuevas oportunidades en otro lugar. Es decir, sin el efecto sorpresa que aporta una novedad, un incentivo, el trabajo disminuye.

Necesitamos en cada ciclo, cada tanto tiempo, ideas renovadas.

3. ARGUMENTOS DE AUTOBOICOT

Estas son algunas de las excusas más comunes que la mayoría de la gente da para no buscar lo nuevo:

- *No sé lo que quiero.* "Quiero estudiar inglés… no, quiero estudiar francés… no, quiero estudiar chino". Si no sabés lo que querés, arrancá por algo, pero no te quedes sin hacer nada.

- *Empiezo muchas cosas y no termino nada.* "Empecé a estudiar chino pero chino es… chino". Cuando uno emprende varias actividades a la vez y no termina ninguna, en el fondo, está buscando la perfección. El problema no es el deseo de hacer, sino el hecho de buscar la situación perfecta, la cual no existe.

- *Tengo ganas, pero me deprimen los obstáculos.* Muchos tienen ganas de hacer cosas nuevas, pero se bajonean cuando surge una dificultad. ¿Por qué nos deprimimos frente al obstáculo? Porque estamos por llegar a destino. Seguí adelante, no te detengas.

- *Llegué a mi techo.* Cuando se llega a un techo, hay que buscar uno nuevo; es decir, un desafío nuevo. Y si ya no podemos crecer más allí donde nos encontramos, hay que mejorar el lugar al que llegamos. Siempre se puede desear mejorar cualitativamente si no es posible hacerlo cuantitativamente.

- *A mí nadie me felicita ni me motiva.* Si tenés el deseo de hacer, no necesitás que alguien te motive. ¡Porque ya estás motivado! Y si no lo estás, aún estás a tiempo de aprender a generar tu propia motivación interna, que te convierte en una persona indestructible. De lo contrario, siempre vas a depender de la arenga, del "¡dale que se puede!", que desaparece al primer problema.

Lo mismo sucede en la pareja. Esta crece ascendentemente en los primeros años, pero si no se busca lo nuevo, si no hay una idea nueva, un gesto de amor nuevo, es posible que la relación comience a quebrarse. Tal vez el aburrimiento los alcanzó y cada miembro de la pareja decide volver a empezar… pero con otra pareja.

Y otra vez el ciclo… Por eso, lo que necesitamos para vivir son ideas nuevas. Si buscás lo nuevo, vivirás en plenitud, y si no lo buscás, quedarás estancado en la rutina.

Cuando una pareja no busca algo nuevo, se muere; cuando un comerciante no busca algo nuevo, su negocio se muere. ¿Por qué? Porque hay una lucha entre lo viejo y lo nuevo y lo viejo siempre te viene a buscar para engañarte y destruirte. Por eso, no importa cuántas cosas nuevas tengamos, si no seguimos buscando algo diferente cada día, lo viejo nos terminará aplastando.

Cuando Stephen King escribe un libro y luego se convierte en una película de terror, la vemos y nos asustamos; pero cuando él escribió, no se asustó, al contrario, nos imaginamos que estaba contento. ¿Por qué? Porque él se visualiza vendiendo sus libros, produciendo las películas. Así tendríamos que ser siempre nosotros: apasionados que buscan sorprenderse a sí mismos.

La decisión es personal. Podemos buscar la sorpresa, lo nuevo, o no. Pero si no lo hacemos, probablemente lo viejo (el aburrimiento, el tedio, la rutina) terminará por vencernos.

4. Vamos al ejercicio: "Sorprender"

1. *Hacer algo para sorprender al otro.* Proponete darle una sorpresa a tu pareja con algo pequeño pero inesperado. O la iniciativa puede ser de los dos, y cada uno tratar de adivinar de qué se trata esa sorpresa. Lo importante es revitalizar el vínculo y salir de la zona de confort.
2. *Sorprendete a vos mismo haciendo algo distinto de lo habitual.* No tiene que ser nada extraordinario:

pedir un plato de comida distinto, tomar un camino diferente al de todos los días, hablar con una persona con la que nunca hablaste, etcétera. Y proponerte hacer eso que nunca hiciste como una sorpresa, dado que es nuevo. Luego observá qué sensaciones y alternativas surgen.

16

DAR PERDÓN

1. Me cuesta perdonar

Cuando alguien nos provoca una herida emocional, es como si esa persona se metiera a la fuerza en nuestra casa. Cuando alguien sufre un abuso, un maltrato, una traición o una estafa, el que cometió ese hecho irrumpe en la casa de su vida por la fuerza y se instala en una habitación. Y el rencor que siente quien fue herido hace que el invasor se quede a vivir allí.

Toda vez que me hieren o me lastiman de alguna forma, necesito *desatar perdón*. Puede ocurrir que luego yo me convierta en ofensor y quiera que la persona ofendida me perdone. La conocida oración del Padrenuestro, donde Jesús les enseña a sus discípulos a orar, dice: "Perdónanos nuestras ofensas como también nosotros perdonamos a los que nos ofenden". Esto quiere decir que, para ser perdonado, primero tengo que estar dispuesto a perdonar a otros.

¿Qué significa perdonar?

Perdonar es echar a quien se metió en mi vida a la fuerza. El término *perdón* en el Padrenuestro literalmente es "soltar". Pero ¿por qué hay que soltar al ofensor, si entró a la fuerza? Es verdad, irrumpió sin que yo lo invitara a entrar pero ahora vive allí porque mi rencor (mientras no perdono) es el alimento que le otorga autoridad para que me siga lastimando. Y no solo eso, sino que me impide atraer todo lo bueno que la vida tiene para ofrecerme.

Perdonar no es, de ningún modo, expresar: "No pasó nada, ya me olvidé. Volvé a lastimarme". Perdonar, en realidad, es un acto espiritual donde uno "echa" a la persona que produjo la herida. Con el perdón se suelta al ofensor, el evento, la ira y la tristeza, que son el resultado de lo sucedido. En muchos casos no resulta fácil perdonar, pero mientras nos negamos hacerlo, mantenemos a un rehén dentro de casa, porque, aunque no lo mencionemos, albergamos el deseo de venganza. Perdonar es limpiar nuestra casa.

2. ¿POR QUÉ A VECES NOS QUEDAMOS ANCLADOS EN EL RESENTIMIENTO?

Hay gente que dice: "¡Mirá lo que me hizo! Yo perdono pero no olvido porque soy memorioso". En el fondo, no ha logrado perdonar, sino que guarda rencor porque no quiere experimentar el dolor de la herida. Es como cuando perdemos a un ser querido y nos preguntamos: "¿Por qué, Dios, por qué?". Esa bronca tiene la finalidad de tapar el dolor.

Para ser capaces de desatar perdón, debemos determinarnos a enfrentar el dolor, porque, de lo contrario, no lo podremos resolver nunca. Por otro lado, hay gente que queda atascada en lo que el otro le hizo, y se lo cuenta a todo el mundo, porque siente que no tiene futuro. Solo cuando vemos un mañana mejor que nuestro presente podemos soltar el pasado. Pero cuando no vemos nada hacia adelante es fácil aferrarse a una herida emocional como excusa para no construir un futuro.

Jesús contó la historia de un rey que un día estaba haciendo números. Al ver una cuenta en especial, llamó a uno de sus criados y le anunció: "Me debés diez mil millones de pesos". ¿Cómo alguien puede endeudarse en miles de millones? Probablemente esa persona era el tesorero del rey. Entonces el soberano ordenó: "Vayan a buscar a la esposa y a los hijos a la casa". Y el hombre le suplicó: "¡Misericordia, señor, por favor, yo se lo voy a pagar!". Pero no había manera de pagarlo. Entonces el rey, movido a misericordia, le contestó: "Está bien, te perdono, puedes irte". Cuando el exdeudor salió contento del palacio, se encontró con otro hombre que le debía a él tres meses de sueldo, es decir, unos miles de pesos. Entonces, esa persona a la que le fue condonada una deuda tan grande le exigió: "Devuélveme el dinero que te presté". "¡Perdóname, ten misericordia!", le pidió el otro (lo mismo que él le había dicho al rey). Pero le respondió: "No, te vas a la cárcel hasta que me pagues lo que me debes". Y lo envió a la cárcel. Cuando el rey se enteró de lo sucedido, sintió indignación y mandó llamar al primer hombre. Le dijo: "Malvado, ¿yo te perdoné diez mil millones de pesos porque tuve misericordia y tú no le perdonaste a esa persona unos pocos pesos? Ahora levanto la deuda que te perdoné y te vas a la cárcel con tu familia". Y al final la historia menciona algo interesante: el rey lo entregó a los verdugos.

3. ¿QUÉ HACE UN VERDUGO?

Torturar. Cuando yo no perdono, vivo bajo la tortura de la bronca, del resentimiento, de la tristeza, que podría compararse con una víbora que muerde. Y si yo permito que su veneno corra por mi torrente sanguíneo durante mucho tiempo, terminará por arruinarme la vida.

La gente que no ha perdonado queda atascada en este tipo de emociones negativas y vive recordando lo que le hicieron permanentemente. La falta de perdón es como una planta venenosa que se alimenta con el recuerdo y una verdadera tortura mental.

Cualquier persona nos puede lastimar, pero el perdón que uno suelta es el mismo para todos. Es decir, hay un perdón que sirve para toda herida y para cualquier persona que nos haya lastimado. Perdonar, como ya mencionamos, es desalojar al intruso y, en ocasiones, no es alguien que irrumpió en nuestra casa sino en la casa de un ser querido. En esos casos necesitamos desatar el "perdón colateral". Este tiene lugar cuando no me lastimaron a mí pero lastimaron a alguien cercano que yo amo y me duele tanto como si la herida fuera mía. También hay que soltarlo. El ofensor puede ser una persona o un grupo de personas como una institución, e incluso un país. Muchos inmigrantes fueron heridos por su lugar de origen y tienen que desatarse.

Aunque no te lo pidan, el perdón completo (si no, no es perdón) es un regalo que te das a vos mismo para que aquel que causó la herida salga de tu vida y no te siga lastimando. Uno de los mejores hábitos que podés desarrollar es una actitud de perdón permanente porque, te guste o no, te van a lastimar u ofender muchas veces a lo largo de la vida.

El término *ofensa* proviene del griego y significa "trampa". Es decir que, cuando a vos te ofenden, te están poniendo una trampa. Cada palabra o acción que hiere tu estima es una trampa para que caigas. Tal vez, si caés en una trampa, no mueras, pero quedes desangrado. Si no aprendés a perdonar, a desatar el perdón, a sacar a la gente que se metió en tu casa sin permiso, quedás entrampado, atascado en esa ofensa que te atrapó.

¡No muerdas la trampa!

4. VAMOS AL EJERCICIO: "DAR PERDÓN"

Pensá en alguien que te ha lastimado y que constantemente da vueltas por tu cabeza. Hacé una declaración en voz alta:

Hoy decido soltar de mi vida a ....
(poner el nombre de la persona) *porque decido que el daño del pasado no se va a seguir repitiendo en el presente. Suelto de mi vida lo que me hiciste* ....
(nombrar lo que te hizo) *y hoy declaro que estoy libre para seguir adelante con mi vida y construir mis mejores años.*

Esta declaración hecha por la voluntad no significa que uno deje de sentir dolor, tristeza, bronca, pero queda de manifiesto el acto firme a través del cual uno ha decidido seguir caminando hacia adelante.

17

CONSTRUIR UN RITUAL

1. Entendiendo el ritual

La mayoría de las personas tiene uno o varios rituales en su vida cotidiana. El término *ritual* suele asociarse con alguna práctica religiosa, pero también, en el campo de la psicología, hace referencia a comportamientos compulsivos que la persona no logra evitar porque son un modo de liberar tensiones. Aquí lo emplearemos con la idea de esas acciones especiales, que difieren de las ordinarias, que repetimos con frecuencia como parte de nuestra rutina. No debemos confundirlos con los rituales religiosos ni con los rituales obsesivos.

Todos necesitamos conservar ciertas "jugadas" de memoria. Ese es el sentido de los rituales: otorgar estabilidad. Pensemos en un hijo que dejó su casa paterna para comenzar una vida independiente. Frente a una crisis financiera, por ejemplo, cuando duda respecto a qué decisiones tomar para salir adelante, recurre rápidamente a sus padres, porque sabe que en su hogar tiene una red afectiva que puede contenerlo y tranquilizarlo para entonces poder hallar la mejor solución a su problema.

¿Es positivo o negativo tener rituales?

Los rituales generan estabilidad y nos permiten saber qué pasos vamos a dar.

En la pareja, por ejemplo, con el paso del tiempo, los rituales que desarrollamos aun sin darnos cuenta, es decir, "las jugadas conocidas", pueden acabar por asfixiar la creatividad y quebrar la relación. La monotonía y el aburrimiento, hacer todo siempre de la misma manera, son un veneno en cualquier ámbito, pero especialmente en una pareja. Entonces, ¿se deben mantener los rituales conocidos? Sí, pero estos deberían coexistir con la creatividad. No todo tiene que ser nuevo o creativo con el otro, así como no todo tiene que ser ritual.

Ambos integrantes por igual deben construir esta perspectiva constante, la cual les brinda la posibilidad de continuar descubriéndose y conociéndose mutuamente. Aquí es fundamental, para no caer en una situación que finalmente los lleve a la ruptura, recuperar a diario la novedad, el asombro, el misterio. Esa actitud es la capacidad de acercarse al otro y, al mismo tiempo, alejarse del otro para producir un balance que mantenga vivo el vínculo.

Tanto en cualquier relación interpersonal como a nivel personal, un elemento fundamental para conservar este balance entre lo conocido —lo ritual— y lo nuevo es la creatividad. Esta nunca debería faltar en nuestra vida.

¿Qué debería pesar más en la vida de un ser humano? ¿Disfrutar de estabilidad o producir cambios? Sin lugar a duda, las dos cosas. Todas las personas somos una conjunción de ambos elementos: estabilidad y cambio.

2. CAMBIO TOTAL

Muchas familias viven sin estabilidad. Allí no existen los límites, las normas, ni ciertas pautas que todos deben seguir. Como resultado, la rutina es caótica y viven de conflicto en conflicto. Nadie sabe con certeza si la autoridad reposa en los padres o en los hijos, ni qué rol cumple cada uno. Observamos aquí una falta absoluta de jerarquía, lo cual conduce a una situación que genera serios trastornos emocionales.

Pero este es, ciertamente, un caso extremo. Puede ocurrir que alguien viva constantemente moviéndose o realizando algún cambio debido a su situación familiar, laboral o por cualquier otro motivo que obliga a mudanzas constantes y los hijos tienen que cambiar de escuela. Como consecuencia, tienen un estado de ánimo fluctuante. Muchos empleos generan estas circunstancias donde es necesario un aumento de estabilidad, tales como un piloto de avión que tiene horarios variados, o un músico que está muy ocupado durante una temporada y luego no encuentra trabajo.

¿Cómo se incrementa la estabilidad?

a. A través de rituales en la familia
Como ya mencionamos, un ritual provoca un recuerdo que, a su vez, brinda una sensación de seguridad.

¿Qué es un ritual familiar?

Es una cierta conducta que genera placer en cada miembro de la familia y es repetida de manera sistemática. Todos recordamos los domingos en la casa de los abuelos o las Navidades con toda la familia extendida reunida. En una ocasión alguien me contó que llevó a su hijo a ver un partido de fútbol y se puso a llorar. Esa experiencia le recordó que todos los domingos él iba a la cancha con su papá; sin embargo, era la primera vez que lo hacía con su hijo. Así que le aconsejé levantar el guante y construir ese recuerdo en su hijo a partir de ese momento.

En esta época posmoderna pocas familias practican rituales como mirar todos juntos una película un día de la semana, o cualquier otra cosa que les genere placer. Lo cierto es que el ritual brinda estabilidad en grandes y chicos; también seguridad, especialmente en los menores.

Todo piloto aéreo posee una *checklist* por medio de la cual controla de manera automática cada elemento que se halla en la nave y su funcionamiento. También tienen una los cirujanos, los bomberos y muchos otros profesionales. Este tipo de lista tiene el beneficio de que permite ahorrar energía mental, porque coloca a la persona en un estado de "piloto automático". Si más adelante existiera una complicación durante el desempeño de su tarea, puede contar con energía suficiente para llegar hasta el final. Del mismo modo, un ritual en familia nos hace funcionar en piloto automático y ahorrar energía, lo cual es un generador de enorme creatividad.

¿Qué rituales mencionarías, si te pidiera recordar esas actividades que realizaban juntos como familia y disfrutabas en tu infancia? Probablemente tendrás muy gratos recuerdos. Un buen recuerdo tiene el poder de sacarnos de una situación negativa y "traernos de nuevo a casa", como le sucedió al hijo pródigo.

b. A través de buenos recuerdos que brindan estabilidad en las emociones

No hay nada más maravilloso que construir recuerdos de experiencias placenteras en otros que, por medio de la intensidad de las emociones, queden fijados en nuestra mente para siempre. El cambio constante suele volvernos inseguros, inestables e incapaces de echar raíces y armar relaciones afectivas.

3. Piloto automático total

Quienes viven todo el tiempo en piloto automático tienen la sensación de que han perdido las fuerzas y no hay para ellos novedad alguna en la vida. Por ejemplo, dos integrantes de una pareja que siempre están discutiendo por los mismos temas, y comparten los mismos rituales, pierden la energía para el cambio. En esta variable, podemos considerar a la novedad como una fuente de energía inagotable.

Una persona que se va de vacaciones y cambia de ambiente, o toma un camino a casa diferente, u ordena una comida diferente en el restaurante, realiza tal vez un cambio minúsculo, pero este trae consigo una energía renovada. Una de las máximas es que muchas veces lo mínimo es lo máximo. De manera que un pequeño cambio puede ser el comienzo de cambios importantes.

El cambio nos obliga a salir de nuestra zona de confort, de lo que ya conocemos, y nos permite disfrutar de la energía de la novedad. Algunas personas pueden compararse con una caña: frente a la crisis, se quiebran; mientras que otras son como una rama: frente a la crisis, se doblan. En la sociedad en que vivimos, todo trabajador debería contar con una gran flexibilidad para la innovación, para lo nuevo, sin dejarse quebrar por ello.

Para sintetizar, recordá esta fórmula:

Estabilidad + Cambio

Podríamos pensar al ser humano como la combinación entre tierra y agua. En otras palabras: tenemos la enorme necesidad de realizar rituales y, al mismo tiempo, de abrirnos a lo nuevo. Este balance nos brinda una dinámica constante que implica seguridad y tranquilidad para funcionar en lo que conocemos y, a la vez, correr riesgos inteligentes que nos permitan conocer nuevos horizontes.

¿Qué sentís que deberías aumentar en tu vida? ¿La estabilidad o el cambio?

4. VAMOS AL EJERCICIO: "CONSTRUIR UN RITUAL"

Este ejercicio es muy bueno, en especial para los padres que trabajan todo el día y que se sienten culpables por no ver a sus hijos todo lo que querrían. El ejercicio consiste en establecer rituales semanales agradables para toda la familia. Por ejemplo:

a. El viernes comer pochoclo y mirar juntos una película.
b. El domingo almorzar todos juntos en la casa de la abuela.

Establecerlos, fijarlos y mantenerlos así. Disfrutar de tiempo de calidad y mantener un ritual fijo genera un recuerdo placentero y otorga seguridad porque potencia la estima.

Anota aquí abajo aquellos rituales que comenzarás a poner en práctica

Rituales   Día y hora

1...
....
....
2...
....
....

18

VALIDACIÓN

1. LO QUE SIENTE UNA PERSONA VALIDADA

Una de las necesidades más grandes que compartimos los seres humanos es la de ser validados. La palabra *validar* quiere decir "dar fuerza o firmeza a una cosa". Es decir, dar reconocimiento, confianza. La validación es el respaldo de una persona a otra.

El gran problema que tiene mucha gente hoy es que le falta validación. Crecieron en una familia y en una cultura donde fueron descalificados, humillados. No fueron validados ni por su papá, ni por su mamá, ni por sus compañeros, ni por sus hermanos, ni por nadie. Cuando nos validan, nos transmiten este mensaje: "Tenés un potencial en tu interior que ni siquiera vos conocés y yo te voy a ayudar a soltarlo".

Hay gente que tiene problemas con todo el mundo porque, en el fondo, tiene falta de reconocimiento y de validación. Cuando alguien vive peleando está buscando que le digan: "Qué inteligente sos". Uno le dice: "Blanco" y responde: "No estoy de acuerdo, no me parece así". En realidad, como no puede pedir "Decime que yo pienso bien, o que yo soy inteligente", opta por el conflicto y por llevarles la contra a los demás.

Hay muchas personas decididas a oponerse de antemano. Cada vez que te encuentres con alguien así, en vez de retrucarle, decile: "¡Guau!" y verás los resultados.

Cuenta una anécdota que un señor encargó una escultura y el escultor se encargó de hacerla. Pero el que pagó por la obra de arte, al verla, comentó: "No me gusta". "¿Qué es lo que no le gusta?". "La nariz está muy fea". Así que el artista tomó un poco de polvo del suelo (sin que el hombre se diera cuenta) y la arregló. "Dígame qué más no le gusta". "A ver… Un poquito más por ahí". El escultor fingía que estaba esculpiendo pero era mentira. Hasta que el cliente exclamó: "¡Ahora sí está perfecta!".

2. ¿CÓMO PODEMOS VALIDAR A LA GENTE?

• *Dejando que el otro sea protagonista*

Cuando dejamos que el otro se luzca, que hable de su vida, que cuente lo que le sucede, esa persona sentirá: "Qué lindo ser humano". Lo que hicimos fue dejarlo ser protagonista. Hoy muchos tienen una gran necesidad de protagonismo. ¿Qué hacemos la mayoría de nosotros en las redes sociales? Buscar protagonismo. La gente se saca fotos posando en el espejo, o tomando café, o con sus amigos y familiares, y las sube. ¿Por qué? Porque inconscientemente busca ser protagonista y que los demás le presten atención.

• *Mirando al otro a los ojos*

Cuando miramos a los ojos a alguien, aumentamos la intimidad. Hay personas que necesitan la mirada de alguien porque se sienten invisibles.

• *Buscando las cosas en común con el otro*

Si tenés un hijo o conocés a alguien con necesidad de validación, deberías preguntarte: "¿Qué cosas en común tenemos?". Toda vez que hables con alguien, buscá el puente. Si tenés hijos pequeños, adolescentes, buscá siempre armar un puente afectivo con quien se encuentre en la misma situación. En vez de buscar lo que nos separa, busquemos lo que tenemos en común. A todos nos gusta la gente parecida a nosotros. Cuando los demás te evalúan, no se fijan en cuánto sabés ni en lo que le decís, sino en cómo se sintieron al estar con vos. Somos seres puramente emocionales que, cada tanto, pensamos un poco. Validá a los demás porque la gente necesita el reconocimiento.

3. ¿DE DÓNDE SURGE LA NECESIDAD DE RECONOCIMIENTO?

De la baja estima. Estima es "cómo me veo y me valoro a mí mismo". Es una palabra que utilizamos coloquialmente, por ejemplo, en la frase "estimado señor/estimada señora". Estima es la manera de valorarse uno y de valorar al otro. Desestimar sería justo lo contrario: no valorar. ¿Y cómo nos estimamos a nosotros? La baja estima consiste en no ver los recursos que poseemos, es decir, vernos pobres de recursos. Para no vivir buscando la validación o el reconocimiento de otros, necesitamos estimarnos y valorarnos. ¿De qué manera? Tres ideas al respecto:

• *Reconociendo mis fortalezas*

Las fortalezas son las cosas que hacemos bien. Todos hacemos bien algo. Por lo menos, una cosa. Ese es un punto fuerte. Para elevar nuestra estima, tenemos que pararnos en nuestras fortalezas y decir: "Esto lo sé hacer", en lugar de enfocarnos en lo que no podemos hacer. Si no, corremos el riesgo de transferir la baja estima al cuerpo. Cuando una persona rechaza obsesivamente una parte de su cuerpo, es porque proyecta un conflicto en otra parte de su cuerpo.

• *Sabiendo que no hay que demostrarle nada a nadie*

Quien busca demostrarles lo que sabe a los demás tiene baja estima. Cuando uno necesita mostrar que sabe, que puede, eso es baja estima. Toda esa demostración hacia afuera es sinónimo de baja estima. Cada uno solo debería demostrarse a sí mismo las fortalezas que posee. De eso se trata la capacidad de superación. Cuando vos estás seguro de lo que tenés, ya no necesitás dar examen, ni agradar, ni querer quedar bien con nadie.

• *Viviendo sin capa*

Tenemos que sacarnos la capa de Superman o de Mujer Maravilla y mostrarnos tal como somos: seres vulnerables. El bebé, cuando nace, si la mamá no lo pone en el pecho, literalmente se muere; si nadie lo cuida, se muere. Nosotros nacemos en un estado de extrema vulnerabilidad y dependencia. Después vamos creciendo y adquirimos fortalezas y recursos, pero seguimos siendo vulnerables. Pero es importante recordar que, cuando somos débiles, nos hacemos fuertes. ¿Por qué? Porque nos conocemos de verdad y somos conscientes de lo que hacemos bien, de lo que no podemos hacer y de las áreas en las que requerimos la ayuda de alguien.

Aprendamos a validarnos a nosotros mismos, a reconocernos, a amarnos como somos. Es decir, a vivir "sin capa" y a pararnos en nuestras fortalezas. Solo así seremos capaces de validar a los demás.

La palabra *honrar* significa "dar valor, validar, reconocer". Y la honra hacia otros, aun cuando no nos honren en retribución, le abre la puerta a todo lo bueno que la vida tiene para ofrecernos.

4. VAMOS AL EJERCICIO: "VALIDACIÓN"

Pensá en tres personas de tu trabajo y de tu familia. ¿Qué cualidades positivas, qué fortalezas ves en ellas? Enviá por escrito o por mensaje de voz esa fortaleza que ves y querés reconocer explícitamente.

19

¿QUÉ PUEDO HACER? PARARME EN LA ACCIÓN

1. AVANZAR, MOVERSE, ENTRAR EN ACCIÓN

Para alcanzar las metas que nos proponemos en la vida, necesitamos pararnos en la acción.

Hace muchos años aprendí de la gente que acciona, que se mueve, algo que hago todos los días: confeccionar una *checklist*. Requiere simplemente tomar un papel y un lápiz y anotar todo lo que tengo que hacer: llamar a tal persona, visitar a tal otra, hacer esto, hacer aquello. Uno anota todas las cosas que tiene que hacer en el día y después comienza a hacerlas y las va tildando a medida que las cumple. Llevar una *checklist* es un acto muy poderoso porque nos impulsa a ser personas de acción, no de teoría.

Hay gente muy teórica a la que le encanta anotar cosas, pero nunca acciona. Hay quienes saben mucho, estudian, se capacitan, pero no llevan nada a la práctica. A través de los años, interactuando con grandes empresarios y grandes líderes, aprendí que hay que ser una persona de acción.

¿Cuál es la consecuencia de convertirnos en alguien que acciona?

La gente de acción es la gente que avanza.

Mi profesor de clarinete solía decirme: "Luisito, todos los días toque el clarinete durante media hora". Y yo le respondía: "Maestro, no me gusta porque mi papá me obligó a estudiar clarinete". "Toque todos los días hasta que le empiece a gustar". Y un día le anuncié: "Maestro, mi papá me impuso estudiar clarinete porque él no pudo tocar e hizo que yo reparara su frustración; pero ahora me di cuenta de que me gusta". "¿Así que ahora le gusta? Entonces va a tocar una hora y media por día porque, como le gusta, se le va a pasar el tiempo y no se va a dar cuenta".

Si aún no lo sos, convertite en una persona de acción. Preparate y accioná porque, como decía mi abuela: "Para descansar, ya habrá tiempo cuando te mueras". ¡Yo todavía no quiero descansar!

La gente de acción es la gente que prospera.

La mano de la gente que acciona siempre termina por prosperar. Y se es próspero no solo en lo material sino también en los afectos, en la salud, etcétera.

La palabra *diligente* quiere decir "que pone en acción, que tiene energía para accionar". Cuando somos personas que accionan, que hacen cosas inteligentes, tarde o temprano terminamos creciendo, subiendo, avanzando. Solo a la gente que se mueve le va bien en la vida.

2. EL PODER DE LA MOTIVACIÓN

Para activarnos y empezar a movernos, necesitamos un ingrediente: motivación.

Estar motivado es muy importante en todo sentido. Una persona desanimada puede enfermar más fácilmente. La razón es que su sistema inmunológico está en baja y puede ser víctima de cualquier virus. A la persona desanimada la pueden echar del trabajo porque no rinde como se espera que lo haga.

Hay tres maneras posibles de motivarse:

a) *Por lo exterior*
La motivación exterior es un premio que queremos lograr. Por ejemplo, si te gusta viajar y yo te pregunto dónde querés ir y me contestás: "A Europa", ya estás motivado.

¿Qué querés lograr? Un buen empleo, una carrera universitaria, una familia feliz, la casa propia... Si tenés un objetivo externo por alcanzar, ya estás motivado.

Para ser gente de acción, debemos llenarnos de motivaciones externas y expresarlas: "Quiero lograr tal cosa". Porque cuando uno dice lo que quiere, se compromete.

Un recurso muy útil para mantenerse motivado, y comprometido, es tener a mano una foto, en la heladera, el escritorio o el celular, de lo que te gustaría tener o hacer. Ver dónde uno quiere llegar mantiene nuestro nivel de motivación bien arriba.

b) *Por lo interior*
El segundo nivel es más profundo y es el interior. Ahora no nos motiva lo que deseamos lograr sino que lo hacemos porque nos gusta y nos da placer. Esta motivación es más

duradera que la exterior porque, una vez que viajaste, por ejemplo, se terminó la motivación. Mucha gente que baja de peso, con el tiempo vuelve a engordar porque logró su objetivo y perdió la motivación. Cuando uno está desmotivado es porque no está haciendo lo que le gusta.

Dedicarnos a lo que nos apasiona hace que jamás nos estresemos. Lo que amamos genera adrenalina que nos mantiene motivados internamente y no necesitamos que nadie nos motive.

Tu pasión es un motor muy poderoso que te conduce a la acción.

c) *Por lo trascendente*

Hay una motivación aún más grande: la trascedente. Tiene lugar cuando abrazamos un proyecto que supera a la propia vida. Ese proyecto trascendente es la huella que uno va a dejarles a los demás. Cuando somos jóvenes, tenemos mucha motivación externa porque queremos lograr cosas. Cuando llegamos a los cuarenta años, buscamos hacer lo que nos apasiona. Pero cuando superamos los cincuenta, empezamos a sentir que queremos dejar una huella. Entonces vamos detrás de una motivación trascendente y ya no nos movemos tanto por las emociones sino por un proyecto más grande. A fin de cuentas, las emociones son cambiantes.

La gente que tiene una motivación trascendente nunca deja de moverse ni de pensar en su "nicho", en su misión en esta vida, y considera qué puede aportar, qué puede hacer por otros. Abrazá un sueño grande, sumate a un proyecto importante y no solo vivirás parado en la acción sino que serás capaz de dejarles un legado a las próximas generaciones y transformarte en un ser humano trascendente.

3. VAMOS AL EJERCICIO: "¿QUÉ PUEDO HACER? PARARME EN LA ACCIÓN"

Pensá en una preocupación que tenés. Anotala aquí.

. . . .
. . . .
. . . .
. . . .

Ahora anotá aquí abajo cuatro cosas pequeñas que podrías hacer frente a esa situación.

1. . . . .
. . . .
2. . . . .
. . . .
3. . . . .
. . . .
4. . . . .
. . . .

Ejemplo: Me preocupa mi salud. ¿Qué podría hacer?

1. Hacerme un chequeo.
2. Hacer ejercicio.
3. Comer más sano.
4. Tener un plan alimentario.

¿Cuál de estas cuatro opciones es la más fácil de revisar? Si, por ejemplo, es la dos, luego la uno, ¡comenzá! Y así sucesivamente.

Los problemas no se resuelven pensando sino haciendo.

El principio de este ejercicio poderoso es *¿Qué puedo hacer?*

Y la respuesta: *Pararnos siempre en la acción.*

20

UN MODELO
EN QUIEN INSPIRARNOS

1. Para caminar hacia la cima

Para superar el nivel de la prosperidad y elevarnos al nivel de la conquista, necesitamos un modelo en quien inspirarnos. Es decir, un mentor. Se trata de una persona que, por su tarea y sus logros, se convierte en un modelo para nosotros, pues ya ha logrado lo que nosotros deseamos alcanzar, o ya ha llegado al lugar donde nosotros queremos estar.

Comparto algunas ideas al respecto:

a) *Grande es el que toma de la mano al que está abajo y lo lleva hacia arriba*

Si querés ser alguien grande, buscá a alguien que esté más abajo —no en cuanto al valor, porque que todos valemos lo mismo por ser seres humanos, sino "abajo" en cuanto al rol, responsabilidad o ciertas capacidades— y motivalo a que suba. Grande no es el que sabe o tiene mucho sino el que "mentorea" a otra persona. Es decir, el que le hace de modelo y le abre camino al otro. Grande no es el que llegó a la cima y le pone un techo al otro diciéndole: "No se puede, no lo vas a lograr". Grande es el que toma de la mano a alguien que está abajo y lo lleva a un lugar más alto, lo motiva, lo empuja, lo guía con su ejemplo.

b) *El más bajo no tiene excusas para no llegar al "lugar" más alto*

Muchas veces nos quejamos del lugar en el que estamos y no logramos construir esperanza de que las cosas puedan cambiar. Pero nunca el más bajo tiene excusas para no llegar al lugar más alto. Y la historia está repleta de ejemplos así. No importa cómo o dónde te criaste: fuiste diseñado para llegar al lugar más alto. Necesitamos dejar atrás el lamento, la queja: "No tengo plata…", "No tengo trabajo…", "Mi papá me abandonó" son solo excusas, porque el más bajo puede llegar a lo más alto.

c) *Para llegar arriba, hace falta tener los mejores mentores*

Si aspirás a llegar alto, rodeate de personas que sean tus mentores. Tu entorno debería ser no de gente negativa, crítica, opositora, que solo te tiran para abajo, sino de gente que, cuando te ve, te dice: "Subí, no te quedes acá, todavía podés ir más alto y empezar a conquistar". Ese es un mentor, un modelo que nos inspira con su propia vida.

La principal característica de un conquistador es la *resistencia*. Hay gente que da unas pocas vueltas y ya se baja, porque todavía no está lista para el nivel de la conquista, donde logramos todo lo que nos proponemos, a pesar de los obstáculos. Pero quien es resistente, aunque le digan que no, aunque le cierren la puerta más de una vez, aunque no vea nada por delante, sigue y jamás se detiene. Para llegar arriba hay que correr y resistir, resistir, resistir.

Dicen que así como es el mentor o el líder, es el discípulo. Si el mentor es perseverante, el discípulo será perseverante. Si tenés un mentor fuerte y perseverante, esa misma actitud se va a transferir a tu vida. Porque como es arriba, es abajo; como es el de arriba, es el de abajo.

2. RASGOS DE UN MENTOR

¿Cuáles son los rasgos del mentor que se transfieren a la vida del discípulo?

• *Los mentores actúan rápidamente*
Un mentor es proactivo. No suele decir: "A mí nadie me dijo; a mí no me avisaron". Acciona rápido. Por ejemplo, cuando le envían un mensaje de WhatsApp o un mail, lo contesta enseguida. En todo lo que tenga que ver con nuestra visión, con aquello que anhelamos lograr, tenemos que movernos con rapidez. Nadie lo va a hacer por vos, lo tenés que hacer vos mismo. ¡Y rápido!

• *Los mentores aprenden a delegar*
Un mentor sabe delegar. Si tenés un emprendimiento o un negocio, necesitás armar tu segunda línea. Es decir, buscar y preparar gente que sepa hacer bien lo que vos hacés mal, personas que sean buenas en aquello que a vos no te sale bien. Por ejemplo, si no sabés negociar, buscá a alguien para que negocie por vos. Siempre hay que buscar gente distinta de uno, personas que tienen dones que no tenemos. Hay quienes aman hacer lo que nosotros preferimos no hacer. El líder no tiene problemas de estima y

actúa como un DT: identifica qué habilidades tiene cada persona en su equipo y la hace sentirse útil colocándola en el lugar correcto.

• *Los mentores aprenden rápido*

Todo lo que sirva a tu sueño tenés que investigarlo y aprenderlo. Eso es lo que hace el mentor: busca a los expertos en su sueño, porque siempre hay alguien más arriba que ya logró lo que a uno le gustaría lograr. Aunque esa persona que sigas no te preste mucha atención, pegate a ella y, si tenés la oportunidad, hacele preguntas. Cuanta más información tengas, más rápido te moverás. Quienes tienen grandes sueños son *depredadores de información*. Es decir, buscan todo lo relacionado con su objetivo en la vida.

• *Los mentores respetan jerarquías*

Un mentor siempre respeta jerarquías. Si tenés un jefe, no deberías sobresalir ni "fanfarronear" delante de él. Lo ideal es hacer brillar al jefe. Aun cuando te robe una idea por la que vos te esforzaste y se lleve el mérito. ¿Por qué? Porque el jefe es quien te puede promocionar. Nunca hay que competir con un superior, como hace mucha gente.

¿Qué es lo que espera el jefe del empleado? Obediencia. No espera que le digan: "Yo no estoy de acuerdo". ¿Qué es lo que esperan los pares? Respeto. Nunca hay que darle una orden a un par porque va a decir: "¿Y vos quién te creés que sos? Vos sos como yo". Al par hay que respetarlo; al jefe hay que obedecerlo; y al subalterno hay que darle órdenes claras y precisas para que pueda cumplirlas.

Los mentores alcanzan sus sueños porque ponen en práctica todas y cada una de estas actitudes. Ellos van por la vida sabiendo que, en cuanto a valor, somos todos iguales, pero en cuanto a roles, no. Se caracterizan por su humildad y siempre están dispuestos a enseñar y también a seguir aprendiendo.

¿Sos de los que suben o de los que empujan? ¿Sos un discípulo que necesita ser empujado o un mentor que empuja a otros porque él ya ha conquistado?

3. VAMOS AL EJERCICIO: "UN MODELO EN QUIEN INSPIRARNOS"

Pensá en una persona que admirás de las siguientes áreas:

Virtud que admirás

Familia: ....

....

....

Trabajo: ....

....

Desarrollo

personal: ....

....

....

Carácter: ....

....

....

Anotá al lado de cada ítem a una persona a quien admirás y que en cada área te parezca un modelo para imitar en ciertas cosas.

Pensá: ¿Qué es lo que hacen estas personas para sobresalir y haber obtenido la mejora en esa área? ¿Cómo podrías incorporar esas características sin "fotocopiarte", pero haciéndolas tuyas?

21

¿CUÁL SERÍA
MI MEJOR REACCIÓN
EN ESTA SITUACIÓN?

1. Las emociones nos hablan

Todos poseemos un yo múltiple con zonas que conocemos y con zonas que desconocemos, o nos negamos a aceptar, es decir, zonas dormidas. Tal vez la variedad de emociones que experimentamos a diario podrían ayudarnos a identificarlas, pues son voces que nos hablan de algo en particular. Veamos algunas.

- El *miedo*, cuando es real y no imaginario, nos habla de la existencia de un peligro y nos empuja a armar un plan para enfrentarlo.
- La *tristeza*, por ejemplo, frente a la pérdida de un ser querido o de una relación de pareja que se quebró, nos dice que es necesario elaborar o soltar eso que se fue.
- La *culpa* viene a alertarnos porque hemos transgredido una norma y debemos repararla.

- La *ira* aparece cuando hay un obstáculo en nuestro camino y, para seguir avanzando, es preciso removerlo.
- La *alegría* anuncia que ocurrió un suceso agradable que nos produjo placer y tenemos que compartirlo con otros.

Y así podríamos continuar… Cada emoción es una voz diferente que expresa una zona interna que podemos reconocer o no. Las emociones son como los colores en la paleta de un pintor. Todos tenemos a nuestra disposición una variedad de emociones o colores con los cuales pintar el lienzo de nuestra vida. Cada color de esa paleta sería una manera de reaccionar: el temor, la indiferencia, el histrionismo, el narcisismo, la desconfianza, etcétera.

El problema surge cuando permitimos que una determinada emoción sea habitual y predomine sobre las demás.

En este punto, cabe hacer una distinción entre emoción y sentimiento, conceptos que suelen confundirse. La emoción es de corta duración, mientras que el sentimiento perdura más y permanece como un tono afectivo en la vida de una persona.

Cuando una emoción predomina sobre las demás, por ejemplo, el enojo, tiene lugar lo que se conoce como "desequilibrio emocional".

Las emociones no son malas de ningún modo. Cada color de la paleta debería embellecer nuestra personalidad. Esto dependerá de que hagamos un uso equilibrado de cada una y esto es el resultado de cuán bien nos conocemos a nosotros mismos.

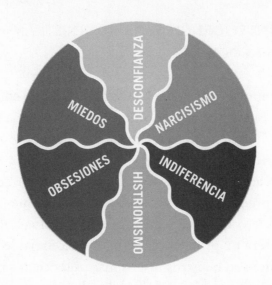

A cada sector del gráfico le corresponde un color diferente asociado con una emoción. Por ejemplo, violeta para las obsesiones, verde para la indiferencia, azul para el histrionismo, rojo para los miedos, amarillo para la desconfianza y celeste para la estima.

Ahora analicemos nuestra relación con las emociones.

¿Es saludable tener *miedo*? Por supuesto. Si hay un peligro, como mencionamos anteriormente, el miedo nos ayuda a armar un plan. ¿Es positivo ser *desconfiado*? Claro. Si yo estoy caminando por un lugar oscuro y alguien me sigue, la desconfianza me permitirá ser precavido o cuidadoso. ¿Es normal ser *histriónico*? En ciertas situaciones, sí. Por ejemplo, si estoy dando una conferencia, necesito llamar la atención de mis oyentes. ¿Ser *obsesivo* es un rasgo normal? Lo es cuando mejora el nivel de exactitud y precisión que requiere una tarea, por ejemplo, un contador que debe hacer el balance de una empresa sabe hasta qué punto un pequeño error en un número puede ser letal. En ese caso, obsesionarse con la perfección es clave.

2. INTELIGENCIA PARA ADMINISTRAR LAS EMOCIONES

Siempre hay que estar atentos al equilibrio entre las emociones. Si una se vuelve dominante, no les dará espacio a las demás. Por ejemplo, si vivimos con miedo —y no es que lo experimentemos ante determinadas situaciones, lo que sería una situación normal—, este pasa a ser nuestro estilo emocional predominante. Entonces, cada vez que ocurra algo agradable o que me encuentre en una situación nueva, el miedo será mi primera reacción. Lo aconsejable es identificar cuáles son nuestros rasgos más potenciados para aprender a administrarlos y desarrollar lo que se conoce como *inteligencia emocional*.

Para concluir, es importante recordar que es uno mismo quien decide cómo reaccionar, cómo sentir, a través de la razón. Nada de lo que suceda externamente puede determinar cómo nos vamos a sentir. Somos seres emocionales que piensan, pero es la razón la que debe administrar las emociones en pos de un objetivo en común.

De ahí la importancia de desarrollar el hábito de la mirada introspectiva que nos conduzca a conocernos y aceptarnos tal cual somos, para luego trabajar en esas zonas dormidas que en ocasiones nos llevan a reaccionar de forma negativa o no nos permiten soltar el potencial infinito que portamos en nuestro interior.

3. VAMOS AL EJERCICIO: "¿CUÁL SERÍA MI MEJOR REACCIÓN EN ESTA SITUACIÓN?"

Pensá en una situación que te haya sucedido y en la que hayas actuado o reaccionado equivocadamente. Volvé a analizarla. ¿Cuál hubiera sido la mejor emoción o actitud para responder?

En la próxima situación difícil o de alta carga emocional, inmediatamente pensá: "¿Cuál sería la mejor reacción en esta situación?". Esto nos va a permitir reflexionar, no actuar impulsivamente y, por supuesto, elegir nuestra mejor actitud de acuerdo con la situación.

22

DAR TU MÁXIMO ESFUERZO

1. EL PRINCIPIO DEL MÁXIMO ESFUERZO

¿En qué consiste?

En nuestro interior hay una energía que actúa como una dínamo. Y a esa dínamo la activamos nosotros con nuestra fuerza. Es como la dínamo de la bicicleta, que sirve para convertir la energía mecánica en energía eléctrica. Yo pedaleo y, mientras lo hago, activo la dínamo que traduce la energía para que la lamparita se encienda y me permita ver. Necesitamos realizar el mayor esfuerzo en cada proyecto que tengamos por delante.

Si tu hijo obtiene como nota un 2 en un examen de Lengua y un 8 en Matemática, marcale primero el 8. Es decir, siempre señalá lo positivo para, luego, mejorar lo negativo. Podrías decirle: "No importa la nota sino el hecho de que diste tu máximo esfuerzo". Quizá se sacó un 10 en otro examen y no le costó ninguna hora de estudio porque tiene mucha facilidad para esa materia. Entonces el foco siempre tiene que estar en "dar lo máximo". Sin embargo, tengamos en cuenta que nuestro máximo puede no ser el máximo del otro y no tenemos que compararnos con los demás sino pararnos en nuestro propio máximo. Si yo voy al gimnasio y no ejercito mucho, mi supremo rendimiento es uno. Pero después de un año, obviamente, será otro.

El principio del máximo esfuerzo es siempre saldarlo con uno. Si hice lo que más pude según mis fuerzas y mi momento evolutivo, estoy satisfecho, pero eso no significa permanecer siempre allí. Buscaré mejorarme, pero lo haré desde la paz y desde el saldo conmigo mismo.

Cuando doy mi máximo esfuerzo, aunque no gane el premio, gané conmigo, hice lo que más pude. Cuando uno da el máximo esfuerzo, aunque no tenga el premio, ganó consigo mismo, tiene serenidad, es un ganador. Cuando el compromiso con uno mismo es escaso, la felicidad va a depender del premio y aun cuando alguien lo gane "por azar", perdió consigo mismo porque sabe internamente que no dio su máximo esfuerzo.

Y para dar mi mayor, mi máximo y mejor esfuerzo debo también ser perseverante. Analicemos de qué se trata la perseverancia.

2. PERSEVERANCIA Y LOGROS

Perseverar es una virtud. Cuando somos perseverantes y constantes en todo lo que nos proponemos, tarde o temprano logramos el resultado que estamos esperando.

Uno de los grandes problemas que muchos tienen es precisamente la inconstancia. Hay gente que comienza un estudio y enseguida deserta. Otros elaboran un proyecto y, al poco tiempo, se cansan o se aburren y lo dejan por la mitad. Y otros forman una pareja y se separan enseguida, sin intentar siquiera una posible reconciliación. Expresa el dicho: "Persevera y triunfarás". Y así es. Cuando alguien no persevera, no desarrolla la capacidad de seguir adelante y raramente llegará a los objetivos soñados. Todos conocemos a esas personas maravillosas, repletas de sueños, pero "de corta duración". Ellos afirman hoy: "Contá conmigo para lo que necesites", o: "Yo me sumo", pero al poco tiempo desaparecen. Afortunadamente, también están aquellos dispuestos a perseverar porque saben que si no se dan por vencidos, a su tiempo cosecharán lo que han sembrado.

Analicemos a continuación algunos principios que pueden motivarnos a ser personas "de larga duración", es decir, perseverantes:

a. Para perseverar, se requiere contar con metas claras
Se descubrió que aquel que se fija una meta es más perseverante que el resto. Quien declara: "Quiero viajar", en algún momento lo logra. ¿Te gustaría viajar? ¿Quisieras conseguir un mejor trabajo? Esa es tu meta. Si tu meta es clara, por cierto, tendrás mayor perseverancia.

Un sueño es como un imán invisible que te empuja a perseverar. Soñá y armá tus propios proyectos, en todas las áreas de tu vida, y tendrás un imán que te empuje siempre hacia lo mejor que te espera por delante. Corré siempre hacia tus metas, hacia tus sueños, y ellos te convertirán en una persona perseverante.

Algunas personas dicen: "Yo quiero disfrutar de este momento. Ahora respiro… El futuro aún no llegó y el pasado ya se fue, así que vivo el ahora". No es una filosofía de vida recomendable. Está muy bien y es saludable conectarse con el ahora pero también debemos esperar y anhelar un futuro mejor.

A todos nos sucedió alguna vez que logramos un sueño pero no lo valoramos demasiado. "Ya está, lo logré. Ahora, a seguir adelante", dijimos. El hecho es que, cuando esto ocurre, es porque nos olvidamos del esfuerzo que realizamos para alcanzar ese sueño. Cada vez que logres algo, mirá hacia atrás y felicitate a vos mismo diciendo: "¡Guau! Costó pero lo logré. Bien hecho". Porque cuando nos detenemos a pensar en lo mucho que nos ha costado llegar, comenzamos a valorar cada parte del proceso, cada movimiento, cada esfuerzo realizado. Perseverar quiere decir fijarse metas y moverse.

Cuenta una vieja historia que un grupo de muchachos tenía que cruzar de una montaña a la otra. Para ello debían bajar por un valle tenebroso. Entonces, el sabio les advirtió: "Jóvenes, para llegar a la otra montaña, deben pasar por el valle pero tengan cuidado porque allí se encuentran los mil temores. Y si los mil temores los atacan, los pueden destruir". Los muchachos respondieron: "¿Y qué hacemos si esos mil temores nos atacan e intentan destruirnos?". El sabio les dijo: "No aparecerán, siempre y cuando nunca dejen de caminar; pero si se detienen, conocerán los mil temores".

Cada vez que nos detenemos, el miedo aparece. Pero cuando nos movemos hacia las metas establecidas, comienza a desvanecerse.

b. *Para perseverar, debemos desarrollar la capacidad de renunciar*

Hay tiempos, momentos o circunstancias en la vida donde no tenemos todo lo que queremos y, para llegar al objetivo, necesitamos priorizar. Tal vez unos amigos te invitan a pasar un fin de semana en la costa atlántica, pero por delante tenés las fechas de varios exámenes finales en la universidad. ¿Qué hacer en ese caso? Priorizar. Tengamos en cuenta que, cuando aprendemos a renunciar a lo pequeño, a lo que no es prioritario en ese momento, atraemos hacia nosotros algo más grande que nos está aguardando.

Quererlo todo ahora, ya mismo, en este preciso instante, es sin duda una actitud adolescente. El adolescente desea todo y todo es nada.

> Cuando perseguimos una meta grande, aprendemos a decir "no" a aquello que nos aleja del objetivo.

Ese "no" que expresamos no debe ser melancólico, sino más bien una renuncia alegre sabiendo que tal actitud nos acerca al objetivo. Cada vez que la meta sea clara, que el objetivo esté bien definido, podremos renunciar con serenidad y conscientes de que lo mejor estará pronto en nuestras manos.

Siempre que renuncies a algo en pos de un sueño, estarás tomando una buena decisión.

c. Para perseverar, necesitamos apoyarnos en los demás

Está demostrado que aquel que entrena o corre solo abandona antes que el resto. Es por ello que muchas personas deciden hacer deporte en grupo. ¿Sos perseverante? ¿Te gustaría serlo aún más? Rodeate de gente con pasión, constante, que ame trabajar en equipo.

3. Vamos al ejercicio: "Dar tu máximo esfuerzo"

> Pensá en un área donde no hayas dado el máximo y proponete hacer tu mejor esfuerzo. Más allá del resultado, felicitate por haber triunfado con vos mismo.

Y recordá:

Cuando doy lo máximo, ya no dependo del premio porque ya estoy ganando conmigo mismo. Lo saldo con mi persona al dar el máximo. Ahora bien, si mi nivel de compromiso es bajo, ¿de qué dependerá mi felicidad? Del premio. Y aunque lo obtenga, pierdo conmigo mismo, porque el máximo esfuerzo consiste en saldar con uno.

CAPÍTULO 23

METACOMUNICAR
¿A VER SI TE ENTENDÍ BIEN...?

1. A VER SI ENTENDÍ BIEN

Todos "trabajamos" de comunicadores. Uno puede ser una gran persona, pero si su comunicación es deficiente, le irá mal en la vida. No llega a la cima el que más sabe sino el que sabe cómo comunicarse de la mejor manera, porque todo depende de la comunicación, del hablar eficaz.

La metacomunicación es la comunicación que habla de la comunicación misma. Aunque parezca un juego de palabras, algo repetitivo, de eso se trata básicamente esta "vuelta de tuerca" sobre el acto de comunicarse, que se orienta especialmente a la interpretación del mensaje. En el caso que nos ocupa, la metacomunicación es chequear a ver si comprendimos el mensaje del otro. Veamos un ejemplo. Invitás a alguien a comer y te dice que no. Entonces, tu respuesta a esa negativa, podría ser: "A ver si entendí bien. ¿Vos me estás diciendo que no querés salir conmigo porque no me querés?". La otra persona quizá responda:

"No tengo hambre". Y entonces vos le decís: "¿Entonces me estás diciendo que no querés ir a comer porque estás satisfecho?". Recién ahí se logró la comunicación.

Todo tiene que ver con el hablar y también con el no hablar. El poder de la vida y la muerte están en nuestra boca. Muchos problemas en las relaciones interpersonales son, en realidad, problemas de comunicación.

Veamos algunas de las dificultades más comunes cuando nos vinculamos con los demás:

• *Confundir lo verbal con lo no verbal*
Cuando hablamos, lo hacemos en dos niveles: lo verbal, es decir, las palabras, y lo no verbal, donde intervienen las señales que damos con el cuerpo. El cuerpo también habla. Si yo digo: "Estoy abierto a lo que me sugieran", pero me cruzo de brazos, mi cuerpo está contradiciendo el mensaje.

En general, varios de los conflictos de pareja se producen por el choque de lenguajes. Las mujeres, en general, leen el mensaje no verbal más que el verbal. Ella le dice a él: "Mi amor, vamos al cine" y él dice que sí pero hace un gesto determinado. Ella lo interpreta como una señal de desgano, entonces exclama: "Está bien, no vamos al cine". "Pero te dije que sí", se queja él. Muchas veces uno lee algo no verbal que no coincide con lo verbal. Uno expresa lo verbal pero el otro mira lo gestual, y de ahí pueden surgir grandes conflictos.

• *Suponer*
Otro problema muy frecuente se produce por los supuestos. Suponer significa: "Yo ya sé lo que me vas a decir antes de que lo digas". Entonces, como yo ya sé, antes de que el otro me exprese lo que quiera expresarme, reacciono. Tener

pensamientos basados en suposiciones implica creer que uno sabe de antemano lo que el otro va a decir. Como ya lo sé, no respondo a lo que el otro dijo sino a lo que yo imagino. He aquí otro gran problema de comunicación.

• *Tener narcisismo negativo*

Consiste en proyectar en el otro algún problema que, en realidad, tiene que ver conmigo. Supongamos que una persona está callada y alguien le pregunta: "¿Te aburro, no?". Quien formula esa pregunta asocia el silencio del otro con que él o ella es aburrido. El narcisismo negativo nos lleva a asociar todo lo que alguien haga personalmente.

• *No ser sincero*

La falsedad es una fuente de conflictos. Como esa mujer que dejó a Juan, lo echó y le dijo: "No te quiero más, me separo de vos". Dos semanas después le envió el siguiente mensaje: "Mi querido Juancito, te amo y te extraño. Estuve meditando mucho y me di cuenta de que sin vos soy infeliz. Sentí que algo se rompió en mí desde que nos separamos. Por favor, volvé porque nadie puede tomar tu lugar en mi corazón. Por favor, perdoname. ¡Te amo! Tuya para siempre. Posdata: Felicitaciones por ganar un millón de pesos en la lotería".

• *Descalificar*

Descalificar es hacer un comentario para menoscabar o desmerecer a alguien. Hay personas que, cuando hablan, dicen: "Todo eso que vos hiciste no sirve para nada", o: "En eso, te equivocaste". O alguien les cuenta: "Mirá lo que logré" y le encuentran algún defecto.

2. UNA MANERA MÁS SANA DE COMUNICARNOS

¿Cómo podemos comunicarnos mejor? Comparto dos principios para ello, porque tanto lo bueno como lo malo vienen a nuestra vida por la comunicación:

1. *Preguntando más*
Si le hablás a alguien y tiene el ceño fruncido e interpretás que lo aburrís, preguntale más. "¿Estás cansado? ¿Estás enojado? ¿Te duele algo?". Hay que preguntar más y afirmar menos, lo cual mejora muchísimo la comunicación y evita que peleemos.

2. *Hablando amablemente*
Cuando nos expresamos con amabilidad, creamos una atmósfera para el diálogo. Pero cuando hablamos con enojo, a los gritos, descalificando, sermoneando, criticando, quejándonos, demandando o etiquetando, surgen los conflictos. Tratemos amablemente a los demás.

Es importante aprender a comunicarnos porque, como ya mencionamos en otro capítulo, todo lo que nosotros no expresemos lo expresará nuestro cuerpo. En un libro titulado *Emociones que enferman*,[5] el doctor Arturo Agüero, médico psiquiatra de la Universidad de Buenos Aires, explica que nos enfermamos debido a factores genéticos y hereditarios, pero también por nuestras emociones. Según él, la mayoría de las enfermedades tiene un componente emocional

---

5. Arturo Agüero, *Emociones que enferman*, Del Nuevo Extremo, Buenos Aires, 2010.

y una de las causas principales son las emociones guardadas, es decir, lo que sentimos pero no decimos. La ira reprimida, por ejemplo, puede generar un infarto.

La buena comunicación trae honra y eficacia a nuestra vida y, además, buena salud.

Aprendamos a comunicarnos y a desarrollar fortalezas a través de estos dos hábitos saludables: ser específicos al hablar y decir "lo siento" cuando corresponde.

3. VAMOS AL EJERCICIO: "METACOMUNICAR ¿A VER SI TE ENTENDÍ BIEN...?"

Preguntar más, afirmar menos. Proponete en tu próxima conversación utilizar la fórmula de "¿A ver si te entendí bien...?", "¿Lo que me estás queriendo decir es...?".

24

CONSTRUIR VÁLVULAS
DE ESCAPE SALUDABLES

1. HÁBITOS Y ESTRATEGIAS PARA APRENDER A CUIDARNOS

En diferentes momentos de la vida se producen situaciones de malestar. A diferencia de un problema o una emoción negativa, el malestar implica atravesar una circunstancia difícil durante un tiempo prolongado.

Cuando hay un malestar, siempre intentamos escaparle. Buscamos salidas de emergencia que nos permitan huir rápido de la situación. Pero no es lo más aconsejable. Necesitamos encontrar la forma de expresar nuestras emociones de manera sana, toda vez que nos encontremos en una situación de crisis o de estrés.

Las válvulas saludables son las maneras positivas y terapéuticas de poder expresar lo que hemos sentido, lo que sentimos, lo que pensamos y tenemos en nuestro corazón.

¿De qué manera podemos construir hábitos saludables para poder expresarnos? Van algunos consejos:

- *Evitar los disparadores.* En lo posible, hay que evitar siempre aquello que nos irrita. Esto puede convertirse en una válvula de escape saludable.

- *Hacer ejercicio físico.* Actividades como caminar o correr nos brindan la posibilidad de consumir energía física y ponen nuestros músculos en movimiento. El ejercicio físico es terapéutico. No basta con hablar de lo que nos sucede porque las emociones negativas quedan retenidas en el cuerpo. Al movernos, ya sea que caminemos, bailemos o nademos, hacemos que todo ese estrés se gaste de manera saludable.

- *Poner en palabras lo que nos sucede.* Muchas personas son expresivas de forma negativa. Son quienes permiten que las emociones tomen el control constantemente, en cualquier sitio y con cualquier compañía. Siempre se recomienda expresar lo que sentimos, sea bueno o malo, pero hay que hacerlo con inteligencia, de la mejor manera posible. Es decir, utilizando el tono de voz, los gestos y la posición corporal que refuercen nuestras palabras. Hay gente que expresa una cosa con su boca pero dice otra muy distinta con su cuerpo.

  ¿Sos consciente de la forma en la que te comunicás con el otro? Tu comunicación puede contagiar alegría o desánimo. Pero siempre es uno mismo quien elige cómo reaccionar, sin importar lo que suceda externamente. Incluso en circunstancias que no son ideales, podemos escoger la mejor manera de expresar nuestras emociones.

- *Fluir.* Cultivar *hobbies* que nos permiten expresarnos y poner lo mejor de nosotros mismos. Una vez leí que José Pékerman trabajaba con un taxi, pero en los ratos libres, después de doce horas de manejar, era director técnico de fútbol. ¡Y terminó dirigiendo la selección nacional! ¿Cómo lo logró? Aunque tenía una tarea que no le gustaba —estar doce horas manejando un taxi—, el dinero que ganaba le permitía activar un área nueva: la de los *hobbies* y del desarrollo personal. Los humanos asumimos diversos roles y cada uno de ellos (el que tiene que ver con uno mismo, con la familia, con la vocación, con los amigos, etcétera) colabora para mejorar los otros. Fuimos diseñados para disfrutar en plenitud, con una multiplicidad de roles que llenen nuestra vida de alegría para compartirla con los demás.

- *Perdonar.* Perdonar es algo que uno decide hacer por sí mismo. ¿Por qué? Porque un mundo interno que se fundamenta en el rencor, el dolor y el enojo congelados nos convierte en prisioneros de nosotros mismos. Desarrollar el hábito del perdón, que consiste en dar vuelta la página y seguir caminando hacia adelante, nos permite disfrutar de una vida más plena.

- *Anotar en nuestra agenda tres actividades que nos llenen de energía.* No es necesario esperar hasta el fin de semana o las vacaciones para dedicarnos a esas cosas que amamos y que nos hacen sentir plenos. Cada día tenemos que llevar a cabo tres pequeñas acciones que nos brinden placer y nos recarguen de energía. Así reza un refrán griego: "Terminarás rompiendo el arco, si siempre lo mantenés tensado".

- *Los amigos.* Un colchón afectivo amplio brinda una capacidad mayor para reaccionar a través de recursos positivos al nivel de nuestras emociones.

- *Los lugares o ámbitos sagrados.* Ir a la iglesia, disfrutar de la compañía de un familiar o de un amigo, hacer actividad física, y otras cosas por el estilo, son espacios que podríamos comparar con un disyuntor. Del mismo modo que este evita la sobrecarga de electricidad, esos espacios nos permiten manejar las presiones diarias de forma efectiva sin estresarnos. Cuidá tus espacios sagrados y no los abandones por nada del mundo.

- *Pequeñas satisfacciones diarias.* Mucha gente expresa: "¡Me voy de vacaciones dos semanas a descansar!". Se esfuerzan todo el año y creen que en solo dos semanas serán capaces de reparar algo. Lo ideal es darnos pequeñas satisfacciones diarias que nos ayuden a relajarnos, porque en lo pequeño está lo grande.

- *Intimidad afectiva.* ¿Qué es intimidad afectiva? Un espacio donde yo puedo abrir mi corazón y contarle a alguien lo que me sucede. ¿Cuándo surge la amistad en la pareja? ¿O con los amigos? Cuando yo cuento algo que no le conté a nadie. Si alguien te dice: "Quiero contarte algo íntimo", esa persona desea compartir con vos algo de valor afectivo.

Nuestra vida es valiosa. Si anhelamos llegar al final del camino en plenitud, es fundamental cuidarnos a nivel físico y emocional con válvulas de escape saludables que nos permitan descargar toda la tensión y el estrés acumulados a diario.

2. VAMOS AL EJERCICIO: "CONSTRUIR VÁLVULAS DE ESCAPE SALUDABLES"

Anotá dos de estas válvulas que vas a utilizar esta semana y dos para poner en práctica la próxima semana.

1. Evitar los disparadores.....................
....

2. Hacer ejercicio físico......................
....

3. Poner en palabras lo que nos sucede ....
....

4. Fluir ....
....

5. Perdonar ....
....

6. Los amigos.............................
....

7. Los lugares o ámbitos sagrados...............
....

8. Pequeñas satisfacciones diarias ....
....

9. Intimidad afectiva........................
....

25

SI FUNCIONA, SEGUÍ HACIÉNDOLO; SI NO FUNCIONA, HACÉ ALGO DIFERENTE

1. Si funciona, no lo detengas

Lo peor que puede pasarnos en la vida es que, si algo funciona, lo detengamos. ¡Si funciona, no lo detengas! No te acomodes tanto a la estabilidad o al equilibrio, al punto de detener la marcha. Si lo que estás haciendo te funciona, seguí haciéndolo. Si lo que estás haciendo te trae resultados, no lo cambies, no lo arregles.

A veces sucede que realizamos ciertas acciones que nos traen resultados y decidimos cambiarlas. ¿Para qué? Sigamos haciendo lo mismo. Si en tu pareja hacés algo que les funciona, seguí haciéndolo. No lo cambies. Si no está roto, no lo arregles. Hacé lo que te funciona y mantenete así.

Sé diligente, porque detenernos en algún punto del camino, cuando las cosas van bien, es ir en contra de nuestra naturaleza.

2. SI NO FUNCIONA, ¡CAMBIALO!

Y si no funciona, es hora de ponernos en marcha y de hacer que las cosas comiencen a funcionar. Es tiempo de dejar de hacer lo que no sirve, lo que no nos trae resultados. Hay que salir de la situación o las situaciones que nos llevaron a ser pasivos. Necesitamos convertirnos en personas activas a las que las cosas les salen bien.

¿Por qué muchas parejas se separan? Porque se llevan mal. ¿Y por qué se llevan mal? Porque no se llevan bien. Y no se llevan bien porque no dejan de hacer lo que hacen para llevarse mal. Parece un trabalenguas, pero no lo es. Para que una situación se modifique es necesario salir de la inactividad, de lo que no funciona y repetimos vez tras vez aun sin darnos cuenta, para pasar a lo que sí funciona.

Tal vez las cosas no están funcionando como esperabas, y en ese letargo en el que te sumergiste, nada nuevo puede nacer. Por eso es que necesitás motivarte, tener sueños nuevos, ponerte a crear, soltar tu imaginación y ver hacia adelante cómo querés que las cosas comiencen a suceder.

El aburrimiento en muchos casos es un factor que nos lleva a hacer que las cosas no funcionen. ¿Alguna vez te sentiste atrapado en algún lugar y hundido en el aburrimiento? Aburrimiento: disgusto, desgano, abatimiento, apatía, tedio, bostezo, cansancio. La palabra viene de "pesado" y define esa emoción terrible tan difícil de vencer.

Cuando un conferencista o un político hablan mucho, lo hacen largo y aburrido. Cuando repetimos lo que ya conocemos, o nos lo repiten, se vuelve aburrido. Cuando somos monótonos, es decir cuando hablamos siempre en el mismo tono y mantenemos la misma nota, quienes nos escuchan comienzan a adormecerse, se aburren. Y cuando una persona está aburrida, comete más errores. Un médico aburrido, por ejemplo, comete errores; en cualquier ámbito, si una persona está aburrida, se equivoca más, está más distraída. El aburrimiento es una de las causas por las que mucha gente cae en adicciones. Como su aburrimiento es existencial, necesitan sentir alguna emoción para despertar. Sin embargo, siempre podemos hacer algo para que las cosas comiencen a funcionar como esperamos. Y es siendo curiosos.

3. LA CURIOSIDAD MATA EL ABURRIMIENTO

¿Y si funciona? ¿Y si pruebo con esto nuevo? ¿Y si intento hacerlo de otra manera? Una persona curiosa nunca será aburrida. Los niños son divertidos por naturaleza porque son curiosos, tienen ganas de aprender, de saber, porque están explorando el mundo, lo están conociendo. Einstein decía: "No tengo ningún talento especial. Solo soy apasionadamente curioso". Es decir que las ganas de aprender, de investigar, de saber nos hacen salir del aburrimiento. Si yo me distraigo o me doy un gustito, salgo momentáneamente pero me vuelvo a aburrir. ¿Por qué? Porque lo que me saca del aburrimiento es la curiosidad. La curiosidad te lleva a aprender y hacer que lo que no es comience a crearse y luego a funcionar.

La persona que arma "su mundo" cree que eso es todo lo que existe y no hay nada más, hasta que aparece algo que le llama la atención.

"Con mi pareja las cosas ya no funcionan...". ¿Estás seguro?, ¿hiciste algún cambio?, ¿intentaste hablar?

"Con mis hijos no hay diálogo...". ¿Probaste invitarlos a tomar un café o a un paseo para estar un tiempo juntos y conversar?, ¿intentaste ir a buscarlos al colegio o a la facultad para hablar?, ¿los sorprendiste consiguiendo aquello que buscaban?

"En mi trabajo la relación con mis compañeros no da para más…". ¿Intentaste sorprenderlos un día llevando algo para compartir, un café, unas masitas?, ¿probaste citar a esa persona en cuestión para tomar algo y conversar del tema?

Cuando el paradigma a través del cual concebís el mundo se vuelve muy cerrado, te encarcelás a vos mismo. ¿Por qué? Porque ese paradigma, esa idea, ese modelo mental que nosotros tenemos de lo que se puede y no se puede hacer, de cómo es y cómo no es algo, se hace rígido y terminamos diciendo: "Es así y punto".

Cuando la gente dice: "Es mi esencia, yo soy así", en realidad se trata de un paradigma. Es el mundo que ellos crearon con lo que saben, lo que no saben, lo que les gusta, lo que no les gusta, con sus rutinas y sus hábitos. Piensan que no hay nada más, entonces se vuelven rígidos y rutinarios. Van siempre por el mismo camino, piden siempre lo mismo, dicen siempre lo mismo… Cuando nos volvemos inflexibles y estructurados, nos acomodamos y construimos una zona de confort porque "ya es así, ya lo sabemos".

La mayoría de la gente siempre tiene las mismas peleas, las mismas mañas, la misma comida, la misma relación sexual. ¡Todo es lo mismo! Porque cada uno construye su mundo. Todos tenemos paradigmas y no está mal tenerlos, los necesitamos porque nos dan seguridad, tranquilidad, orden. Las rutinas tienen ese valor.

¿Qué hace un nene con un robot? Toca el botón A, el botón B, y después dice: "Es un avión" y juega, o "es un tractor" y juega. Hasta que un día lo tira porque no lo puede mejorar y se aburre. Aburrirse es dejar de mejorar algo. Cuando vos dejás de mejorar, te aburrís y aburrís a otros.

El nene toca A y B y, como es curioso, después dice: "Parece una nave" e inventa algo nuevo (por la curiosidad); así se va mejorando.

Cuando vas a un lugar, no desde la insatisfacción sino desde la curiosidad, mejorás las cosas, aportás para mejorar (no para criticar) con alegría. De esa manera nunca estarás aburrido y no aburrirás a los demás.

Por eso, cuando notes que algo en tu vida no está funcionando, no sigas haciendo lo mismo. ¡Cambialo, modificalo, mejoralo! Todo lo que hasta hoy no funcionó tenemos que transformarlo en aprendizaje y en crecimiento. Cuando aprendemos de lo malo que vivimos, estamos listos para hacer cosas nuevas.

4. VAMOS AL EJERCICIO: "SI FUNCIONA, SEGUÍ HACIÉNDOLO; SI NO FUNCIONA, HACÉ ALGO DIFERENTE"

Pensá qué cosas estás haciendo que funcionan y deberías seguir haciendo. Anotalas.

1. . . . .
2. . . . .

Pensá qué cosas estás haciendo que no funcionan y qué podrías hacer diferente de lo que acostumbrás:

1. . . . .
2. . . . .

26

MEZCLAR

1. Armar un currículum de Batallas Ganadas

Todas las personas tienen la capacidad maravillosa de guardar en la memoria sus vivencias y de recordarlas cuando es necesario. Seguramente atravesaste con éxito diversas circunstancias duras y dolorosas, situaciones que parecían terribles —un desengaño, una traición, la pérdida de un ser amado, una enfermedad—, pero que lograste superar y redundaron en una mayor fortaleza para tu vida.

Los seres humanos, por distintos motivos, hemos peleado batallas que hoy están en nuestro ADN, un listados de luchas que enfrentamos, circunstancias difíciles que atravesamos y superamos. Forman parte de nuestro currículum de batallas ganadas. Nos recuerdan que si pudimos antes con esa situación, con esa persona, con esa enfermedad, con esa crisis, hoy también podemos levantarnos, pelear y quitar los obstáculos para seguir avanzando.

Los valientes llegan al final de la carrera de la vida porque se atreven a luchar e ir detrás de lo que les pertenece. Determinarse a seguir adelante siempre nos ayuda a enfrentar cualquier situación difícil. Por esa razón, deberíamos mirar nuestros triunfos pasados para recordar que todo es posible para el que cree.

El sufrimiento es parte de la vida y del mundo, pero cuando te toca a vos, lo rechazás. ¿Por qué? Porque sentís que no es natural —aunque vos y yo sabemos que lo es en el mundo—. Sentimos que no es natural tener que sufrir. ¿Y eso está bien? Sí, porque no fuimos creados para sufrir, aunque sepamos que la muerte y la enfermedad son parte del mundo. Por ello necesitamos saber que lo que hoy estamos atravesando es pasajero, no es para siempre. Y si a ese dolor actual le sumamos un recuerdo positivo de otro dolor que hemos superado, saldremos adelante.

Sin duda superaste más de una situación dura y también superarás eso que hoy te quita el sueño. ¿Cuánto más durará?, tal vez te preguntes. Eso depende de tu actitud y de la importancia que le des a cada hecho doloroso.

Nosotros tenemos que construir siempre hacia adelante. Por eso los momentos de dolor mezclémoslos con planes, sueños, proyectos y recuerdos positivos de nuestra vida. Sos un vencedor, no lo olvides. Si hoy seguís de pie y avanzando es porque ni tu pasado ni el dolor pudieron con vos.

Atrás están las pérdidas, pero para adelante están las oportunidades.

Y te espera un largo camino para seguir sorteando las circunstancias difíciles y superarlas.

2. UNA Y OTRA VEZ LO MISMO

¿Qué pasa cuando las experiencias negativas se repiten en nuestra vida?

Hay gente que reacciona siempre con vulnerabilidad y piensa: "Si me sucedió esto, ¿qué más tendré que soportar?" Esta actitud solo conduce a la persona a debilitarse y a sentirse desamparada, indefensa, sola y triste. El resultado de esto es que los recuerdos del pasado comienzan a controlar su mente y solo puede ver un mañana negativo, al haber aceptado la idea de que lo que pasó se puede repetir en cualquier momento.

Tengamos en cuenta que el cerebro revisa hacia atrás y no hacia adelante y lo hace de manera automática. Observemos el ejemplo de un estudiante que reiteradamente se presenta a un examen y una y otra vez le va mal. Seguramente quedará anclado en esa ansiedad y, cuando tenga que presentarse nuevamente a rendirlo, se activará esa revisión del pasado en que reprueba el examen una y otra vez. Así se generan las profecías autocumplidas.

Tomemos otro ejemplo: "Salí tarde de casa para ir al trabajo; perdí la billetera; el colectivo demoró una hora en venir; por supuesto, llegué tarde al trabajo; mi jefe me lo reprochó". Ante cualquier contratiempo que signifique llegar tarde al trabajo, ese recuerdo del disgusto del jefe será una fuente de ansiedad. Si en otra ocasión voy al trabajo y vuelve a suceder exactamente lo mismo pero al llegar a la oficina me entero de que recibí un aumento, cuando recuerde esa experiencia pasada seguramente recordaré que el colectivo no se detuvo y llegué tarde al trabajo, pero eso no me molestará en absoluto porque una excelente noticia me alegró el día. En un estado de felicidad solemos traer a la memoria los buenos recuerdos que nos provocan placer y alejan el estrés de nuestra vida y, además, hacen que todo lo malo que nos sucedió ya no tenga tanta influencia en nosotros.

Un recuerdo es una señal de que hemos vivido. Es una especie de *souvenir* que nos advierte que hemos atravesado una determinada experiencia. Permanece en la memoria debido al impacto que produce a nivel emocional. La emoción es lo que adhiere un recuerdo a nuestra mente. Y cuanto más profunda sea la emoción, más se anclará el recuerdo. Esto podemos verlo en ciertas situaciones negativas, tales como un secuestro o la pérdida repentina de un ser querido (hechos de mucha intensidad emocional). El mismo efecto tienen en nuestra psiquis vivencias positivas, como el día de nuestra boda o el nacimiento de un hijo. Ambos tipos de emociones archivan el recuerdo en la memoria.

También sucede con quien ha visto morir en sus brazos o en un accidente a un ser querido. Estas son imágenes que impactan emocionalmente y quedan grabadas en nuestra mente. Por eso es necesario contraponer un recuerdo positivo a esos recuerdos fijos, intensos y tristes. No hay que negarlos; aunque nos generen angustia, necesitamos dejarlos salir. Son parte de nuestra historia.

Perder es involuntario y viene lo quieras o no; soltar es voluntario y lo hacés vos. Si perdí a un ser querido, eso me vino pasivamente y yo estoy en dolor. El perder es algo que nos viene de afuera, pero el soltar y ponerle un recuerdo positivo a ese hecho de dolor es algo que hago yo y necesito aprender que, frente a la pérdida, tengo que soltar y recordar lo mejor. ¿Por qué? Porque de no hacerlo, el dolor por la pérdida terminará lastimando mi ser y mis emociones.

Si en mi mente se repite una y otra vez la imagen de ese familiar querido que murió en mis brazos, puedo comenzar a pensar qué experiencias bellas y agradables viví con esa persona que partió. Entonces, permitamos que el recuerdo triste aparezca, pero sumémosle ese recuerdo hermoso que vivimos.

Frente a ese examen en el que te fue mal, pensá en ese otro examen difícil que diste y en el que obtuviste una excelente calificación. Cuando el temor aparezca, sumale un recuerdo positivo.

Necesitamos aprender a manejar el pasado. ¿Qué deberíamos hacer con nuestros recuerdos? Recordar con afecto las vivencias positivas, porque eso nos hace sentir bien. En cambio, las vivencias dolorosas tienen que mezclarse con un recuerdo agradable que genere una sensación de bienestar y nos transporte a ese momento de alegría.

Tal vez sientas que no tenés energía para hacer este ejercicio, pero te propongo que pienses: ¿en qué áreas sí tengo energía? Saber que somos fuertes en un área de nuestra vida nos permitirá recordar que hay un poder positivo en los buenos recuerdos que uno tras otro se sumarán a nuestras batallas ganadas.

Un recuerdo positivo nos lleva de la mano a través de la adversidad y nos permite rechazar lo malo y traer algo de paz al presente. Todos podemos ser "generadores" de buenos recuerdos. Todos recordamos a la abuela, al abuelo, a la maestra y al amigo de la infancia, que dejaron una huella imposible de borrar en nosotros. Del mismo modo, somos capaces de generar recuerdos positivos en los demás. Lo único que nos llevaremos de este mundo son los recuerdos de las experiencias vividas. Y estas son precisamente las que nos brindan felicidad, no las posesiones. Las personas felices "obtienen" más experiencias lindas que cosas materiales porque saben que estas duran para siempre. Un recuerdo maravilloso se conserva toda la vida. ¡Nunca dejes de mezclar!

3. VAMOS AL EJERCICIO: "MEZCLAR"

Pensá en un recuerdo triste o difícil que te genera mucha ansiedad. Anotalo aquí.

. . . .

. . . .

. . . .

. . . .

. . . .

Luego recordá un hecho positivo o lindo que hayas vivido con una persona o en alguna circunstancia determinada. ¿Qué experiencia positiva has vivido? Escríbilo:

. . . .

. . . .

. . . .

. . . .

. . . .

Cuando este recuerdo vuelva a tu mente no lo niegues, pero a este recuerdo triste sumale un buen recuerdo. A partir de ahí, al mezclarlos, se producirá una transformación afectiva.

27

DIEZ MINUTOS
COMO CUANDO ESTABAS DE NOVIO

1. No me hablás, ya no me acariciás

Hoy en día somos testigos de diversos y variados problemas de pareja, tales como la violencia de género y la infidelidad, entre otros. Pero uno de los factores que más inciden en una relación es la dificultad para reconstruir el vínculo afectivo.

En general, cuando surge el conflicto, un integrante de la pareja suele reclamarle al otro: "Quiero que me digas que me amás", "Quiero que me beses como antes", "Quiero que me traigas flores"... Pero el problema no es el planteo verbal sino lo no verbal, aquello que no expresamos. Cuando falla el vínculo no verbal, aparece la demanda desde la palabra. En este caso la persona, sea mujer o varón, está pidiendo una confirmación verbal para un problema que no es de esta naturaleza. Y por más que él o ella le diga a su compañero que lo ama, no se resuelve nada. El anhelo por lo verbal se basa en la creencia o la ilusión de que de esa manera la pareja mejorará, pero lo cierto es que el problema nunca es verbal, sino no verbal.

El vínculo afectivo consiste precisamente en lo no verbal. Allí se pone en juego el interés sincero por el otro. Esto se puede ver con claridad en la etapa del enamoramiento, es decir, la época cuando dos personas que se atraen mutuamente aún se están conociendo. En esa primera etapa existe un interés no fingido, un acercamiento, una aproximación, una mirada, y lo no verbal coincide con lo verbal. La persona dice "te amo" y lo demuestra (lo sella) con una actitud corporal genuina. Lo hace una y otra vez hasta que el vínculo con el otro ya está armado y el lenguaje no verbal ya está construido. Allí es donde ya no son necesarias las palabras y basta solo con una mirada.

Ahora, cuando una pareja comienza a llevarse mal, no es lo verbal lo que anda mal sino lo no verbal, es decir el vínculo afectivo de interés sincero por el otro. Esa conexión no verbal es lo que es necesario recomponer. ¿Cómo reconstruimos esa conexión?

En primer lugar, debemos dejar en claro cómo no se construye. El vínculo afectivo no se construye diciéndole al otro lo que quiere escuchar ("Te amo", "Estoy interesado en vos y en nadie más", "Seguís siendo atractiva para mí", etcétera). Tampoco se construye con una lista de lo que se espera del otro ("Que vayamos al cine", "Que me trates bien", "Que prepares la comida que me gusta", "Que me apoyes en lo que hago").

El vínculo no consiste en palabras ni en una lista de tareas, sino en el interés espontáneo y sin fingimientos por el otro que se expresa en el cuerpo. Cuando aquel falta, tiene lugar el reproche, lo cual es una imposición y en una pareja nada se resuelve por obligación, sino por deseo.

2. Reconstruyendo nuestra vida de pareja

El vínculo afectivo se reconstruye de dos maneras:

• *Recordando los buenos momentos vividos*
Cuando recordamos un momento feliz, nos emocionamos y revivimos en el cuerpo lo que sentimos en esa ocasión. Por ejemplo, cuando recordamos cómo nos conocimos, cómo nos mirábamos, cómo y dónde nos besábamos o cómo nacieron nuestros hijos. ¿Cómo te enamoraste de él o de ella? ¡Reviví siempre los buenos momentos!

Cuando yo les pregunto a las parejas en conflicto cómo se conocieron, se les transforma el rostro y la mayoría de las veces vuelven a unirse. Necesitamos entrenarnos en recordar, en reexperimentar, en revivir los buenos momentos que hemos tenido como pareja, como familia, con nuestros seres queridos.

• *Recordando los momentos tristes*
Recordar los momentos difíciles que atravesamos y superamos juntos también nos lleva a volver a sentir en el cuerpo el interés sincero que un día tuvimos por el otro. Traer a la memoria los momentos duros, pruebas como enfermedades, muertes o crisis económicas, nos hace revivir el dolor, pero también la victoria de haber salido

adelante juntos, la unión, el afecto. Y de esa manera el vínculo es reconstruido.

Muchas personas no saben cuidar y reconstruir su vínculo afectivo, ese interés por el otro que nace del corazón, que no se expresa con palabras sino con el cuerpo, y un día los unió. Si logramos armar ese vínculo tan valioso y además le sumamos un "te amo", un "te quiero", le aplicamos un resaltador a la relación. Hay parejas que se miran y con eso les basta para afianzar el vínculo, pero si a eso le añadimos lo verbal, construimos una relación "a prueba de balas", capaz de atravesar y salir indemne de cualquier tormenta. Bien vale la pena, ¿verdad?

Cuando dos personas se conocen, es como si cada uno viniera de un país con una bandera, moneda y costumbres y tuvieran que armar un nuevo país. Esta metáfora ilustra lo que se denomina "cultura de pareja". Como es un proceso complejo, en los primeros años de convivencia siempre hay crisis y negociaciones. Por ejemplo: "En mi casa se cenaba a las diez y en la tuya a las ocho; nosotros cenaremos a las nueve". Esa construcción de la cultura en común es lo que muchas veces provoca competitividad. Cuando se logra armar el tercero llamado "pareja", se logra construir el "nosotros". Cada uno aporta y enriquece la relación con su punto de vista. La ganancia de uno es la ganancia de ambos. Ya no es más "yo gano cinco y vos ganás seis", sino "ganamos once". Este es el desafío de la construcción del vínculo que dura toda la vida.

3. VAMOS AL EJERCICIO: "DIEZ MINUTOS COMO CUANDO ESTABAS DE NOVIO"

Este ejercicio es para las parejas. Durante diez minutos van a mirarse, tocarse, acariciarse, como cuando estaban de novios sin hablar.

28

TRANSFORMAR EL DOLOR EN UN DON PARA AYUDAR A OTROS

1. ¿QUÉ HAGO CON ESTE SUFRIMIENTO?

Son muchas las circunstancias que nos ponen en contacto con el dolor: una experiencia dura y difícil como perder a un ser amado o quedarnos sin trabajo, la soledad, las enfermedades. Lo importante es qué hacemos con ese dolor, cómo lo atravesamos.

Necesitamos ir hacia adentro y ver si estamos accionando para que ese sufrimiento no se perpetúe en el tiempo y se convierta en una agonía. Siempre hay algo que podemos hacer para dejar de sufrir.

Cuando algo o alguien nos provoque dolor emocional, ponernos en movimiento nos permitirá superarlo y dejarlo atrás.

Hay que darle un sentido a ese dolor. Frente a las crisis, las pérdidas, parecería ser que toda nuestra vida sufre un giro inesperado. Seguramente después de un gran dolor priorizaste ciertas cosas en tu vida que antes eran secundarias. Como

> **Sufrir debería conducirnos a ser mejores personas, a hallarle un sentido positivo a lo negativo.**

muchos, fuiste consciente de que te ponías mal por tonterías pero, debido a lo que viviste, ahora solo te enfocás en lo que es de verdad importante.

A veces no podemos dejar de pensar en algo negativo que nos sucedió, y retornamos una y otra vez a la cuestión interminablemente. Es precisamente cuando tenemos que determinarnos a hacer un alto y decir: "¡Suficiente! Me sucedió esto malo, pero voy a sentir el dolor y a seguir adelante".

Necesitamos alcanzar ese punto en el que nos plantamos con determinación, porque si no lo hacemos no podremos disfrutar de todas las cosas lindas que nos esperan en el futuro. Seguir llorando por lo que pasó jamás nos traerá nada bueno. Cuando sufrimos solo vemos oscuridad. Como si se formara un pozo con nuestras lágrimas. Pero aun un pozo puede ser llenado por agua de lluvia y convertirse en una fuente de bendición, de soluciones, de esperanza y de dicha para uno y para los demás.

¿A qué me refiero?

Cuando atravesamos una dificultad, una época de tristeza, seremos lo suficientemente fuertes como para convertir ese sufrimiento en un don que sirva a otros. Tu sufrimiento se convertirá en una fuente de bienestar para los demás. La herida del maltrato, del abuso, del problema de pareja, y de cualquier cosa que hayas atravesado y te haya producido dolor, se sanará y será cambiada en un "don" para ayudar a otros. Porque tendrás la autoridad del que ha experimentado sufrimiento y les dirás a los que sufren: "Yo lo superé; y vos también lo superarás".

2. Transformemos el dolor en un don

Cuanto más te muevas y avances, más sano y en paz estarás. Y mientras tanto, te irás fortaleciendo por dentro. Entonces, cuando camines no sentirás cansancio. ¿La razón? Porque tu don, aquello que hacés mejor que nadie, está disponible para quienes puedan necesitarlo. Tu fortaleza, tanto interna como externa, es multiplicada y, aunque te vacíes, volvés a llenarte constantemente y cada vez más. Solo cuando estamos dispuestos a dar a otros todo lo que recibimos podemos cosechar abundantemente en cada área de nuestra vida.

¿Cómo no compartir con los demás, si alguien te ayudó a levantarte, si te animaste a mirar otra vez hacia arriba y volver a tener sueños, si tu familia fue restaurada, si superaste la crisis económica, si quien está a tu lado hoy es una persona especial que te ama y te valora? Todo aquello que vas recolectando en el camino es una fuente de fortaleza en medio del dolor, de ese sufrimiento que nunca pensaste tener pero llegó de repente.

Todo aquello que sembraste en los demás son las herramientas para ponerte de pie y empezar de nuevo. Tu fortaleza proviene del trabajo que realizaste en vos mismo y, sobre todo, de lo que te atreviste a dar.

Tal vez te cuestiones: ¿cómo puedo ayudar a alguien, si me pasó de todo en la vida? ¿Cómo puedo animar a alguien, si mi vida es una lucha continua? Si solo soy una sombra de lo que alguna vez fui… Siempre tenemos algo para dar y nadie tiene más autoridad que aquel que sufrió y luchó y no se dio por vencido, sino que se determinó a salir adelante.

Quien después de un gran sufrimiento hoy sigue en pie es capaz de decirle a alguien que sufre: "¡Vos también podés superar esto!". Y aunque siente que es una sombra, sus palabras pueden ayudar a seguir adelante a quienes hoy sienten que no tienen más fuerzas. Por ejemplo, alguien que perdió a sus padres de chico, con el tiempo puede fundar una ONG para niños huérfanos.

Si de nuevo estás de pie, si no te diste por vencido, y volvés a soñar con un mañana mejor, lejos estás de ser una sombra. Sos simplemente un ser humano que ha sufrido y experimentado dolor pero hoy es otra vez un soñador.

En tu interior hay una virtud dormida que verá la luz en las épocas dolorosas de tu vida.

Se puede convertir el dolor que sufrimos por la pérdida de un ser querido en un don para ayudar a la gente. Solamente aquel que pasó hambre sabe lo que significa; solamente aquel que sufrió abandono sabe lo que eso representa.

Que tu dolor del pasado sea un instrumento para ayudar a otros.

Accioná, no te paralices. Cuando sientas infelicidad, accioná para transformar ese sentimiento en felicidad.

3. EL DOLOR DE LA PÉRDIDA

¿Qué podemos hacer cuando sufrimos una pérdida? Tenemos que aceptarlo. Luchar contra ello solo estira el dolor y la agonía. El dolor no se supera. Es falsa la afirmación de muchos: "Ya lo vas a superar". Nunca se supera la muerte de un hijo. Pero el dolor se transforma y nos transforma.

A partir de una pérdida necesitamos preguntarnos qué cambió en nuestra vida, qué prioridades se modificaron. Es importante que reflexionemos al respecto, dado que el dolor es un motor de cambio, frente a la pérdida de un ser querido todo cambia su sentido, las prioridades que uno tiene, hasta el mismo significado de nuestra vida.

Hay varias actitudes que ayudan a transitar el dolor de una manera superadora:

• *Sé amable con vos mismo*
Tratate con bondad, no te reproches ni te critiques por nada, no te dañes a vos mismo. El dolor que sentís es personal y nadie es capaz de comprenderte por completo porque es tu proceso. En numerosas ocasiones ocurren "pérdidas que liberan": el dolor y el alivio tienen lugar simultáneamente, ya sea debido a que hay alivio para quien cuida a un enfermo cuando este muere, o que hay alivio para el maltratado cuando este muere. Se trata de emociones que tenemos que permitirnos experimentar porque son parte del duelo.

• *Enfocate en el crecimiento de la semilla de quien partió sembrada*
Podemos mencionar dos tipos de semillas:
– La semilla sembrada en vos por quien partió sigue creciendo. Esa partida seguramente te enseñó algo que te ayudó a cambiar. A pesar del dolor de la separación, enfocate en lo que continúa hoy aquí.
– La semilla sembrada en otros por quien partió. Esa persona que amaste también dejó una huella fuera de vos. Construí redes afectivas donde puedas compartir las memorias de todo lo vivido con quien ya no está aquí.

• *Recordá y valorá a quien partió a través de un ritual*
Puede tratarse de un álbum de fotos, una carta, una charla con otra persona, una historia compartida con familiares y amigos. Se recomienda también en estos casos establecer un día en el que toda la familia se junte para compartir un momento de emociones y recuerdos.

Tenemos que transitar el dolor de forma "limpia". No lo hacemos cuando sentimos culpa y nos reprochamos o castigamos a nosotros mismos. Por el contrario, formas "limpias" de atravesarlo son, como ya vimos, valorar a quien partió o convertir nuestro dolor en un don para ayudar a otros a ser mejores seres humanos. La muerte implica el final de una vida pero no de una relación, porque quien parte de este mundo continúa en nuestro corazón para siempre.

La muerte le pone fin a la vida en el más acá, pero jamás acaba con una relación. Ahora, el dolor nos lleva a aprender a relacionarnos con el que partió a través de los recuerdos y de lo que nos ha dejado.

4. Después del dolor, volvemos a empezar

El dolor es parte de la vida, y no hay vida sin dolor, porque esta se compone de dolor. El dolor está presente desde que nacemos hasta el día en que partimos de este mundo. Y todos podemos elegir ser felices, a pesar de que haya sufrimiento. Es posible experimentar sufrimiento y, a la vez, felicidad porque esta última se encuentra por encima del dolor físico y del sufrimiento emocional. ¿Qué deberíamos preguntarnos cuando estamos sufriendo a nivel emocional? Deberíamos hacernos la siguiente pregunta: *¿Qué puedo aprender en medio de esta situación desagradable?*

Las personas que partieron pueden estar presentes sin estar. En una oportunidad, una mujer que perdió a una hija me contó que trajo de los Estados Unidos la idea de colocar una estrella donde la persona había fallecido; por ejemplo, en el lugar donde sufrió un accidente de tránsito. Cada vez que coloca una estrella, algo se sana de ella, y al mismo tiempo, honra la memoria de su hija. Otras personas me han comentado que hacen una artesanía en memoria de la persona que partió, y esa es la manera de que su ser amado siga estando presente.

No podemos atravesar un problema sin haber aprendido algo porque, si se resuelve nuestro problema y no aprendemos de él, es probable que la vida nos vuelva a presentar el mismo problema hasta que aprendamos la lección. Entonces, en lugar de desear que la dificultad desaparezca, tenemos que estar dispuestos a aprender algo de ella.

"¿Qué puedo aprender de esta situación negativa, de este momento difícil, para que cuando atraviese y deje atrás mi momento de dolor me haya quedado una enseñanza, un descubrimiento?", debería ser nuestra pregunta en medio del dolor.

El poeta inglés Ben Jonson[6] decía: "Quien no ha afrontado la adversidad no conoce su propia fuerza". Muchas veces en medio del dolor descubrimos la fortaleza que llevamos dentro, o quién nos quiere de verdad, o las prioridades de

---

6. Poeta, dramaturgo y actor inglés del Renacimiento (Westminster, 1573-Londres, 1637).

nuestra vida, o la fragilidad de la vida, o la misericordia de los que nos aman, o la maldad de la gente que nos rodea. Pero siempre, cuando atravesamos épocas de adversidad, antes de que todo se resuelva, nuestro deseo tiene que ser descubrir qué podemos aprender de esa prueba. Las pruebas son parte de la vida, pero podemos atravesarlas aprendiendo. Podemos recibir grandes enseñanzas personales en medio de una prueba.

Cuando yo atravieso un momento de dolor, si le pido a este que me muestre algo que yo pueda aprender, esa actitud va a generar más preguntas. ¿Por qué? Porque el dolor es algo que tengo que aprender internamente. Es de adentro hacia afuera. Necesito mirar hacia adentro y descubrir qué me puede enseñar el dolor que siento.

Tres imágenes que nos puede aportar el dolor:

• *Una nueva relación de intimidad con nosotros mismos*
Cuando uno está atravesando momentos difíciles, nunca debería huir de sí mismo buscando algo de la gente, sino mirar hacia adentro y decir: "Ha llegado el momento de profundizar la relación conmigo mismo". Es a solas que uno puede llorar, descargar lo que siente y conocer sus fibras íntimas para ser realmente consolado desde el interior y desarrollar una relación sólida y profunda con uno mismo.

• *Una sala de espera*
Hay momentos, cuando uno atraviesa un gran sufrimiento, donde parecería que no sucede nada. El dolor se convierte en una sala de espera donde uno se pregunta: "¿Por qué este dolor? ¿Por qué este sufrimiento? ¿Por qué esta dificultad?" y siente que no puede hacer nada. Es, en

realidad, el anticipo de una gran fortaleza que desarrollaremos siendo equipados para ayudar y consolar a otros que están sufriendo. En la sala de espera recibimos la poción, el bálsamo, que estamos necesitando para ese pedazo roto, esa herida, que hoy tenemos.

• *Un pedazo roto convertido en un don para ayudar a otros*
Cuando somos consolados en medio de nuestras circunstancias difíciles y logramos salir sanamente de ellas, también nosotros después podemos ser agentes de consolación de otros. Ese consuelo que recibimos podemos usarlo para ayudar a los demás.

Corrie Ten Boom[7] fue una escritora holandesa que estuvo en un campo de concentración de la Alemania nazi. Ella perdonó a los que mataron a su familia y luego se dedicó a compartir el mensaje cristiano del perdón y bendijo a muchas personas, a pesar del dolor por la pérdida de sus seres queridos. Como tantos otros, transformó su profundo dolor y sufrimiento en un don para servir a los demás y llevar consuelo a los que sufren.

---

7. Escritora, activista, de fe cristiana, elegida como Justa entre las Naciones por haber dado refugio a los perseguidos por el nazismo (Ámsterdam, 1892-Placentia, 1983).

5. VAMOS AL EJERCICIO: "TRANSFORMAR EL DOLOR EN UN DON PARA AYUDAR A OTROS"

Anotá aquí abajo una situación triste o dolorosa que hayas atravesado.

. . . .
. . . .
. . . .
. . . .

¿Cómo podría servirle a alguien mi experiencia?

. . . .
. . . .
. . . .
. . . .

¿De qué manera podría ayudar a otra persona lo que me pasó?

. . . .
. . . .
. . . .
. . . .

29

APRENDER A DECIR "NO"

1. LOS LÍMITES Y SUS FUNCIONES

La cuestión de los límites —o, mejor dicho, de su ausencia— es un punto fundamental. Esta es la razón por la que existe tanto abuso hacia el otro: intolerancia, falta de respeto, atropello, ira, arrebatos, maltratos. Los límites son una frontera, una línea invisible, y cuando los establecemos, nos sentimos sanos, seguros, protegidos. Además de volvernos independientes, nos permiten marcar la diferencia entre quiénes somos nosotros y quién es el otro. *Los límites son un signo de salud emocional y espiritual.* Fijar límites es una de las características de las personas emocionalmente sanas.

Cuando van a tener cría, los leones determinan visualmente un territorio y no dejan que otro animal entre. Del mismo modo, en el mundo natural todos los seres humanos establecemos límites, que se determinan de acuerdo con la manera en la que fuimos criados y especialmente conforme a nuestra ubicación en el sistema familiar.

Hay varios tipos de límites que tenemos que aprender a establecer. Comencemos:

a. En primer lugar, están los *límites físicos*. Un ejemplo claro de estos límites es la piel, órgano barrera que mantiene al cuerpo intacto durante toda la vida, aun cuando se estira y envejece con el paso del tiempo. La piel es un límite que protege nuestros órganos internos y, al mismo tiempo, también nos distingue de los demás. Cualquier persona que no respete nuestro límite físico está cometiendo un abuso; por ejemplo, cuando alguien toca nuestro cuerpo y no nos gusta, cuando nos dan un beso en el cuello y nos molesta. Todos tenemos la libertad de permitir o no que otra persona avance sobre nuestro cuerpo. *Establecer límites físicos es una señal de salud.*

b. Por otro lado, tenemos que establecer *límites emocionales*. Cuando alguien más decide por nosotros nos está invadiendo, porque nadie debe tomar decisiones en nuestro lugar. Cuando resuelven por vos o cuando te hacen preguntas que no querés contestar, te están invadiendo. Por eso es importante recordar que tenés derecho a elegir si responderás o no, es decir, el límite lo marcás vos. Lo mismo ocurre cuando alguien busca controlarte. No tenés que permitir que nadie vigile cómo te vestís, qué hacés con tu vida, con quién salís o a qué hora llegás. No dejes de poner límites emocionales.

c. En tercer lugar, tenemos el *límite de jerarquías*. Si voy a mi trabajo, mi jefe no es mi amigo. No necesito que mi jefe me quiera. Mi jefe es simplemente mi jefe, y las jerarquías, en este caso laborales, hay que respetarlas. Si la maestra del colegio nos cita para decirnos que nuestro hijo se portó mal, no podemos hacer alianza con el niño y no respetar a la maestra. Es necesario que aprendamos a respetar a las autoridades —maestros, profesores, jefes—. Debemos entender que si bien todos somos iguales como personas, en los roles que ejercemos somos diferentes, hay distintos niveles y jerarquías. En la sociedad actual se han borrado las líneas de jerarquía y necesitamos restablecerlas para que todo funcione en orden y respeto.

d. Por último, están los *límites externos que nos imponen de afuera*. Es sorprendente la cantidad de infracciones de tránsito que se ven a diario en la ciudad. Autos que pasan los semáforos en rojo, motociclistas sin casco, vehículos estacionados en rampas para personas con capacidades diferentes o en lugares donde claramente dice "Prohibido estacionar" son moneda corriente. ¿Por qué no se respetan las normas de tránsito? La respuesta es sencilla: porque no respetamos los límites que nos imponen desde afuera. Por ejemplo, en la oficina les dan a los empleados una computadora, pero para usarla en su trabajo, no para chatear con los amigos o para publicar en Facebook u otra red social. Si en un lugar hay un cartel que dice "Prohibi-

> Nuestra sociedad no respeta los límites, ya sean físicos, emocionales, de jerarquía o impuestos de manera externa. La gente no tolera ningún límite y esta es la razón por la que cada vez se van formando más personas con características psicopáticas.

do comer aquí", seguro alguien dirá: "¡Qué importa, yo voy a comer igual!". En todos los ambientes se establecen límites, normas, que debemos obedecer y respetar.

2. ¿Y AHORA QUÉ LÍMITE LE PONGO?

Son los padres de una criatura pequeña los encargados de fijar los límites. Un niño no es capaz de decidir qué ropa ponerse para ir al jardín de infantes, tampoco puede elegir su comida. Por esta razón, papá y mamá tienen que ocuparse de este tema. Con el tiempo, cuando los chicos ya son más grandes, se van agregando ciertas razones por las que se les dice que sí y que no.

Establecer los límites de un niño no implica tener un ritual o lograr que tenga un buen comportamiento; el fin es que guarde en su interior estos dos vocablos: "sí" y "no". Es decir, enseñarle a decirle que "sí" a lo que es positivo y "no" a lo que es negativo para él o ella. Cuando esto no ocurre, los límites serán fijados por otras personas, tales como maestros, policías, jefes.

Hay padres que tienen dificultades para decirles que no a sus hijos, y cuando lo hacen, se sienten culpables. Esto es así porque creen que los están castigando, pero en realidad están cumpliendo la función de un jardinero: están podando la planta para ayudarla a que disfrute de un crecimiento sano.

Los adolescentes entran en una lucha de poder con sus padres y los desafían para ver quién impone el modelo. Es entonces cuando surge la necesidad de poner límites y negociar. Adolescencia es sinónimo de construcción del futuro, la cual incluye la transición de un yo infantil y dependiente a un yo adulto e independiente.

Cuando les hablo en charlas y talleres a los adolescentes, suelo compartirles esta ilustración:

Un artista pinta en el interior de la tela, nunca fuera de ella. Esto significa que la tela es su límite. Pero ese límite no lo limita sino que lo hace ilimitado, porque activa su creatividad y fuerza interior. Así deberíamos concebir los límites: como un marco para crear, un espacio para poner en juego nuestras capacidades.

3. EL LÍMITE A LOS OTROS

Necesitamos aprender a poner límites. La gente cada vez se entromete más, avanza sobre la vida de los otros, porque, como no tiene límites, tampoco respeta los de los demás. El hecho es que, para poder ponerle límites al otro, primero debo establecerlos a mí mismo. Saber qué voy a permitir y qué no voy a aceptar para mi vida.

Es imposible quedar bien con todo el mundo siempre y en toda situación. Un "no" que le decimos a alguien ("no sé", "no puedo", "no tengo") nos permite ponerle un límite a la omnipotencia. Quienes no se animan a decirles que no a los demás suelen esconder temor al enojo o el rechazo ajeno. ¿Por qué él o ella se molesta cuando le digo "no"? La respuesta es que desea vernos como personas omnipotentes.

Todos somos capaces de hacer ciertas cosas y otras, no. Nadie lo puede todo. Poner límites a través de un "no" no solo va dirigido al otro sino además a uno mismo.

Hace un tiempo fui a comprar un libro. Era una obra costosa que necesitaba para la universidad.

—Necesito este libro —le dije al vendedor.

—Uh, ¡ese libro es carísimo! —me respondió el muchacho.

—Sí, lo sé, pero lo necesito para un trabajo de investigación de la facultad.

—Mire, le traje este —dijo, al tiempo que me mostraba un libro pequeño, un resumen de la obra original—. ¡Es mucho más económico!

—No, quiero el grande aunque sea caro —contesté.

—Este le va a servir. Le conviene porque va a ahorrar mucho dinero —insistió.

—No, no quiero este. Por favor, traeme el libro grande —repetí una vez más.

El vendedor intentaba decidir por mí. La falta de respeto a la opinión diferente, al pensamiento ajeno, lamentablemente es cotidiana. Aunque piensen que están eligiendo lo mejor para vos, la decisión es personal y, te equivoques o no, debe ser tuya.

4. ¿POR QUÉ NO PUEDO DECIRLES "NO" A LOS DEMÁS?

Un límite siempre tiene una doble vía. Esto quiere decir que solo lograré decirle "no" a alguien cuando ya me lo dije a mí mismo. Aquel que posee la capacidad de decirse que no a sí mismo, tendrá mayor facilidad para decirles que no a otros. Una respuesta negativa suele expresar inteligencia porque implica el reconocimiento de los propios límites.

A menudo en mis conferencias les pido a los asistentes que digan la palabra *no*. En la mayoría de los casos, todos lo hacen con un grito. Es algo instintivo. Es como si uno le pusiera agresión a la expresión. Necesitamos lograr decir "no" con una sonrisa y de forma amable. Si le decimos que no a una persona cuando estamos enfadados, no establecemos un límite sino que animamos al otro a involucrarse en una pelea.

Quererse y cuidarse a uno mismo no implica tener una estima elevada. Autoestima es saber qué cosas hacemos bien, qué cosas hacemos más o menos y qué cosas hacemos mal. Cuando uno abraza la totalidad de su ser, con los puntos fuertes y los puntos débiles, logra ponerse límites a sí mismo. De lo contrario, tendremos un rasgo de omnipotencia, creeremos que "todo lo podemos"; o un rasgo de impotencia, que es la creencia de que no somos capaces de hacer nada bien. Lo ideal es pararnos en el lugar de la potencia, lo cual significa saber de qué somos capaces y de qué no.

De esta forma, vamos practicando e internalizando la idea de que decir que no es limitar nuestra independencia.

5. Derechos que nos corresponden

Una de las tareas más importantes que necesitamos llevar a cabo para que el otro no invada nuestros límites es desarrollar la capacidad de decir "no". Existen personas que no están habituadas a hacerlo. Consideran que si dicen que no a algo, a un pedido, a un reclamo o a un favor, perderán el afecto y el reconocimiento del otro. El hecho es que, al no poder expresar que no queremos o no podemos involucrarnos en ese pedido, podemos ser presas fáciles de los manipuladores. Alguien que no puede decir que no es candidato a las actitudes abusivas de otro. Decir siempre que sí y estar disponibles las veinticuatro horas nos convierte en posibles objetos de atropello o despotismo. Para lograr un equilibrio emocional necesitamos mechar nuestros "sí" con algunos "no".

Tenemos derecho a decir "sí" y a decir "no". Lo primero que tenés que recordar es que el otro tiene derecho a pedir, claro que sí; pero vos y yo tenemos derecho a decir "no".

En segundo lugar, no debemos dar más de lo que nos piden. Nunca le des a nadie más de lo que te pide, porque no lo va a valorar. Si el otro te pide un café, no le des café, almuerzo y cena, porque no esperaba ni el almuerzo ni la cena, y por lo tanto, no los valorará. Necesitamos saber manejar nuestros "sí" y nuestros "no". ¿Cómo? Diciendo "sí" a lo bueno y "no" a lo malo. "Sí" a la gente buena, a la superación, a la mejora continua, al crecimiento. "No" a la enfermedad, a la depresión, a las adicciones, a la falta de trabajo, a la violencia, a la locura. Rebelate y decile "no"

> Cuando aprendés a decir "no" a lo malo y "sí" a lo bueno, estás preparado para crecer sin límites, cuidando cada día tu salud física y emocional.

a la victimización. Nunca te pongas en el rol de "víctima" porque, al hacerlo, estarás enviando una señal de debilidad y vendrán al ataque los perseguidores.

Animate a decir tres "no" a diario. Por ejemplo, si alguien te pide que lo acompañes a comprar el almuerzo y no tenés ganas, podés decir: "No, gracias, hoy prefiero quedarme". Tal vez al principio necesites usar algún pretexto, para luego decir un "no" llano. Veamos otro ejemplo. Si alguien te pregunta: "¿Querés tomar un café?", y preferís un té, respondé: "No, gracias, prefiero un té".

Al comenzar con un "no" pequeño, la persona siente que está defendiendo su territorio, que no está privilegiando el deseo del otro, sino que está produciendo para su propio deseo. La mayoría de las personas responden de acuerdo con lo que el otro espera y no con su propio gusto o deseo. Por eso, poner en práctica estos tres "no" diarios te ayudará a fortalecer tu yo interior y a decir y a decidir, al cabo de un tiempo, a favor de tu salud emocional. Respetarse a uno mismo es cuidarse a uno mismo.

6. LO MEJOR ESTÁ DESPUÉS DEL LÍMITE

Lo mejor está después del límite. Todos nosotros tenemos un límite y nuestro desafío es superar esa frontera. Cuando vos superás tu límite es porque te proponés cambiar, por ejemplo, tu carácter, y vas hasta el límite de decir: "Quiero tener un carácter distinto y voy a pelear, voy a luchar hasta el límite, porque sé que si persevero hasta el límite, lograré el cambio que estoy necesitando". Todas las mejores bendiciones y oportunidades vienen cuando superás tu límite. Algunos reman y reman y no llegan al límite.

Se esfuerzan hasta ahí y dicen: "¿Por qué no pude alcanzar aquello que tanto deseaba?". El hecho es que necesitamos remar hasta el límite. Es en el límite, cuando estás agotado, cuando diste todo, cuando hiciste todo y pudiste todo, cuando entregaste todo, que viene aquello que estabas esperando. No es antes, es en el límite.

Lo mejor empieza detrás de tu límite.

7. VAMOS AL EJERCICIO: "APRENDER A DECIR NO"

¿Qué persona (o personas) sentís que te está sobre-protegiendo, exigiendo, demandando y debés levantar una cerca y decirle "no, muchas gracias"? Anotá su nombre aquí abajo:

. . . .
. . . .
. . . .
. . . .

¿Qué situación me exige demasiado contra mis fuerzas, mi tiempo y mi capacidad y hace que me tenga que decir a mí mismo "no"? Buscá la manera de decírtelo a vos mismo y de decírselo a la otra persona sabiendo que, al decir "no", estás dando un paso hacia adelante.

30

EL SALDO SIMBÓLICO

1. Siento que nada me llena o me satisface

¿Por qué motivo alguien pasa toda su vida sintiéndose insatisfecho? Por lo general se debe a algo que ocurrió en el pasado y le provocó frustración. Seguramente no fue capaz de conseguir o hacer algo que deseaba. Puede tratarse de un hecho aislado o de una secuencia de hechos, como un viaje, una compra o una relación frustrada. Dichas experiencias suelen dejar una marca en quien las atraviesa, y la frustración que emana de ellas termina por contaminar el presente. ¿La consecuencia? La persona no disfruta ninguno de sus logros actuales.

En una ocasión, mientras sobrevolaban un lago, un piloto de avión le dijo a su copiloto: "¿Ves ese hermoso lago allí abajo?". "Sí"."De chico, yo iba a pescar ahí y, cuando miraba cada avión que volaba en el cielo, pensaba: ¡Cómo me gustaría volar uno de esos aviones! Hoy, que soy piloto de avión, cada vez que veo el lago, pienso: ¡Cómo me gustaría estar en el lago pescando!".

Esta anécdota deja bien en claro que una antigua frustración se convierte en una vida actual de constantes frustraciones. Esta actitud lleva a la persona a extender una frustración del ayer hasta su hoy. Esa es la razón, tal vez, de que mucha gente no pueda disfrutar ni agradecer todas las cosas buenas que la vida le regala.

2. ALGUNAS IDEAS SOBRE LA FRUSTRACIÓN

- *Todos, en mayor o menor medida, hemos sentido frustración en algún momento.* ¿Has alcanzado todo en la vida? Probablemente no, porque nadie lo ha hecho. Es por ello que haríamos bien en aceptar cada una de nuestras frustraciones. Esto significa admitir que algunas cosas no se repetirán y otras nunca sucederán. Lo importante es que todo forma parte de nuestra historia y la enriquece.
- *Todos tenemos la capacidad de transformar y saldar una frustración hoy.* A veces, de grandes, nos quejamos de que no pudimos estudiar cuando éramos jóvenes y creemos que ya no podemos hacerlo: "¿Voy a estudiar a los cuarenta o cincuenta años?" ¿Y por qué no? Es posible estudiar a cualquier edad. Algunos expresan: "Ya soy grande para formar pareja". De esta manera y sin darse cuenta, se atan a una frustración que no es real y les impide ver que todos contamos con las herramientas y las habilidades necesarias para construir hacia adelante. En la mayoría de los casos el miedo es lo que nos lleva a armar un catálogo rígido de nuestras capacidades e incapacidades. Como resultado, jamás aceptamos ningún

desafío ni nos animamos a accionar para avanzar. Se trata del temor a equivocarnos, lo cual nos impulsa de manera inconsciente a autoboicotear todo lo que hacemos.

- *No estamos satisfechos y contentos con nuestros logros porque olvidamos el esfuerzo realizado y el camino recorrido.* Cuando uno está feliz de haber alcanzado el "suceso", a menudo se olvida del "proceso" que atravesó. Es decir, del esfuerzo que realizó para superar cada obstáculo. En cambio, cuando lo tenemos presente, somos capaces de valorar y disfrutar de todo lo que logramos en la vida. Sin esfuerzo no se valora nada. Lo vemos en aquellos niños, jóvenes (y no tan jóvenes) que tienen todo lo que desean y, por esta razón, no cuidan ni le dan valor a nada.

¿Qué hacer para manejar las frustraciones eficazmente? Básicamente tres acciones:

1) *Saldar algo que no alcancé con otra acción realizada.* Cada noche, antes de dormir, muchas personas tienen el hábito de meditar en todas aquellas metas no logradas. En vez de hacer eso, es mejor enfocarse en aquello que sí logramos. Así es como se salda lo que no alcanzamos: con los logros obtenidos que son una fuente de fortaleza para seguir adelante.

2) *Reconocer dónde nos frustramos ayer pero tener una mirada más amplia.* ¿Qué significa esto? Que debemos preguntarnos qué cosas logramos en la

vida, frente a todo lo que no logramos y nos frustra. Si no pude formar una familia como me hubiera gustado, seguramente pude estudiar, viajar, desarrollar una carrera o un trabajo exitoso, cultivar lindas amistades, etcétera. De este modo, no coloco la mirada solo en el hecho que me hizo sentir frustrado, lo cual me conduce a extender esa emoción hasta el presente y no ver lo que sí logré.

3) *Convertir la frustración en una fuente de creatividad.* Si algo de lo que carecimos en el pasado, o una batalla que enfrentamos, no logró hundirnos y sumirnos en la desesperación, es porque tuvimos la valentía de convertirlo en una oportunidad para crecer, para buscar lo nuevo, para desafiarnos a ir por más. Aun después de circunstancias traumáticas que nos causaron sufrimiento, es posible experimentar lo que se conoce como "crecimiento postraumático". Es decir, que no solamente somos capaces de superar cualquier dificultad sino además de transformarla en aprendizaje y avance.

Cuando estamos satisfechos, tanto con lo que somos como con lo que tenemos, la felicidad nos encuentra cada día de nuestra vida.

3. Vamos al ejercicio: "El saldo simbólico"

Pensá en una frustración que hayas tenido, algo que anhelaste y no pudiste alcanzar, y anotala:

. . . .
. . . .
. . . .

Ahora, recordá cuatro cosas que sí lograste. Por ejemplo, quizá digas: "No pude estudiar, pero logré armar una hermosa familia. Tengo la casa que soñé, todos los años nos vamos de vacaciones al mar y tengo un buen empleo".

1. . . . .
. . . .
2. . . . .
. . . .
3. . . . .
. . . .
4. . . . .
. . . .

No dejes que esa frustración te impida felicitarte y valorarte por aquello que sí pudiste obtener en la vida.

BIBLIOGRAFÍA

AGÜERO, Arturo, *Emociones que enferman*, Del Nuevo Extremo, Buenos Aires, 2010.

ALPEROVICH, Jorge, *Viva mejor y más, si gusta…*, Polemos, Buenos Aires, 2007.

AZAR DE SPORN, Selma, *Terapia sistémica de la resiliencia. Abriendo caminos del sufrimiento al bienestar*, Díaz de Santos, Madrid, 2008.

BALEGNO, L., S. BOËT, M. BORN, M. E. COLMENARES, B. CYRULNIK, B. DELFORGE, B. VERGELY y otros, *El realismo de la esperanza*, Gedisa, Barcelona, 2004.

BECK, Judith, *Terapia cognitiva para superación de retos*, Gedisa, Barcelona, 2007.

BEYEBACH, Mark, y Marga HERRERO DE VEGA, *200 tareas en terapia breve*, Herder, Barcelona, 2016.

BISCONTTI, Omar, *Terapia de pareja*, Lumen Hvmanitas, Buenos Aires-México, 2006.

BOGIAIZIAN, Daniel, *Preocuparse de más*, Lumen, Buenos Aires, 2014.

BOGIAIZIAN, Daniel, Gloria SOUKOYAN y Rodolfo LICEA-GA, *Combatiendo el miedo al miedo*, Lugar, Buenos Aires, 2002.

BOWLBY, J., *Vínculos afectivos: formación, desarrollo y pérdida*, Morata, Madrid, 1986.

BRENES PEÑA, Ester, *Descortesía verbal y tertulia televisiva*, Peter Lang, 2011.

BULACIO, Juan Manuel, *Ansiedad, estrés y práctica clínica*, Akadia, Buenos Aires, 2004.

BUTLER-BOWDON, Tom, *Nunca es demasiado tarde*, Urano, Madrid, 2013.

CAUNT, John, *Confía en ti*, Gedisa, Barcelona, 2001.

CEBERIO, Marcelo R., y otros, *Clínica del cambio. Teoría y técnica de la psicoterapia sistémica*, Nadir, Buenos Aires, 1991.

CEBERIO, Marcelo, y Juan Luis LINARES, *Ser y hacer en terapia sistémica*, Paidós, Barcelona, 2005.

COBOS, Juan, *Cómo liberar el poder de Dios en tu vida*, Logos impresores, México, 2010.

CREIGHTON, James, *Claves para pelearse sin romper la pareja*, Longseller, Buenos Aires, 2005.

CYRULNIK, B., *El amor que nos cura*, Gedisa, Barcelona, 2004.

FERNÁNDEZ, Héctor y Daniel BOGIAIZIAN ÁLVAREZ, *El miedo a los otros*, Lumen, Buenos Aires, 2008.

FIORENZA, Andrea, *99 estrategias para superar el miedo, la ansiedad y las fobias*, Integral, Barcelona, 2007.

GLASER, Judith E., *Inteligencia conversacional*, Norma, Barcelona, 2015.

GÓMEZ, Mariela C., y Valeria D. MARZUCCO, *¡No puedo dejar de preocuparme! ¿Usted tiene TAG?*, Galerna, Buenos Aires, 2009.

GOYTIA, Cristina, *Fobias, ansiedad, miedos*, Atlántida, Buenos Aires, 2004.

HEATH, Chip, y Dan HEATH, *Switch. Cómo cambiar las cosas cuando el cambio es difícil*, Vintages Books, 2010.

LÓPEZ BLANCO, Alicia, *El cuerpo tiene la palabra*, Robin Book, Buenos Aires, 2004.

MARINA, José Antonio, *El laberinto sentimental*, Anagrama, Barcelona, 1996.

MEYRIALLE, Cristina, *La pareja en crisis*, Vinciguerra, Buenos Aires, 2016.

NARDONE, Giorgo, *Más allá del miedo*, Paidós, Quilmes, 2004.

RESNICK, Stella, *Reencontrar el placer*, Urano, Madrid, 1998.

STAMATEAS, Bernardo, *Técnicas de aconsejamiento pastoral*, Clie, Barcelona, 1997.

SUÁREZ, Enrique G., *Vivir sin miedo*, Lumen, Buenos Aires, 2006.

—————————————, *Vencer el miedo*, Historias Reales, Buenos Aires, 2009.

WATZLAWICK, Paul, *Teoría de la comunicación humana*, Herder, Barcelona, 1993.

WILLI, Jürg, *La pareja humana. Relaciones y conflicto*, Morata, Madrid, 2002.

WILSON, Kelly G., y Carmen LUCIANO SORIANO, *Terapia de Aceptación y Compromiso*, Pirámide, Madrid, 2002.

Soluciones prácticas de Bernardo Stamateas
se terminó de imprimir en febrero de 2019
en los talleres de
Litográfica Ingramex, S.A. de C.V.
Centeno 162-1, Col. Granjas Esmeralda, C.P. 09810,
Ciudad de México.